Tanit

PREMI
EL VAIXELL DE VAPOR 1984

Núria Albó

editorial cruïlla
Balmes 245 08006 Barcelona
ediciones sm Joaquín Turina 39 28044 Madrid

Primera edició: setembre 1984
Segona edició: novembre 1985
Tercera edició: octubre 1986
Quarta edició: octubre 1987
Cinquena edició: juny 1988
Sisena edició: març 1990
Setena edició: febrer 1991

Il·lustracions: *Irene Bordoy*

Comercialitza: CESMA, S.A.
Badalona (Barcelona), tel. (93) 383 10 11
València, tel. (96) 375 50 00
Alacant, tel. (965) 10 44 11
Palma de Mallorca, tel. (971) 75 81 76

ISBN: 84-7629-058-6 (Cruïlla)
ISBN: 84-348-1429-3 (SM)
Dipòsit legal: M-4293-1991
Imprès a Espanya / *Printed in Spain*
Impremta SM

1

QUAN LA TANIT té un problema massa gros, se'n va a la cambra de bany, es tanca i es mira al mirall. No és pas que sigui molt i molt presumida. Ja ho és una mica, però té dues maneres de mirar-se al mirall. Una, la corrent, és la de trobar-se bastant maca i riure satisfeta. Li agrada ser rossa i tenir els ulls castanys. No li faria res tenir-los blaus, però castanys també queden molt bé.

Aquesta és, doncs, la manera de mirar-se de totes les nenes. L'altra és diferent, és la d'estar amoïnada i preguntar a la cara del mirall: i ara, què hem de fer?

Si tingués germans o germanes no la faria pas servir, aquesta manera. Parlaria de les coses amb ells. Però la Tanit no en té cap, de germà, i bon greu que li sap, sobretot perquè va venir just que en tingués una i hauria anat molt bé.

D'amics i amigues, en té molts però a vegades els problemes són per culpa d'ells. Si s'ha enfadat amb els seus amics, per exemple, a qui ho ha d'explicar? O si passen coses a casa que més val no explicar a la gent de fora. Tot això és el que la fa tancar-se a la cambra de bany i emmirallar-se.

La cara del mirall se la mira i, a vegades, li diu: «Bah! No n'hi ha per a tant!» i aleshores tot pot adobar-se. Altres vegades la cara està trista com ella i no solucionen pas res.

És clar que també hi ha la mare, que l'estima molt i sempre li demana com va l'escola i tot això. I el pare, que no l'escolta tant però que també és molt simpàtic. Hi ha l'avi i l'àvia i la tia Mercè que és la millor per a explicar coses però no viu amb ells i no pot pas estar sempre atabalant-la.

La mare és dentista de nens. Té les mans molt fines i mira de no fer por als nens quan els visita. Els riu i els diu que només els farà una punxadeta, però els nens s'espanten i ploren perquè la punxadeta fa un bon mal encara que la mare sigui dolça i vigili.

El pare és metge d'hospital. Molts dies té guàrdies i això vol dir que no el veuran. Aleshores sopen elles dues i s'expliquen coses o només es fan companyia sense dir res i llegeixen o miren la televisió. No gaire, perquè la mare diu que per la televisió només fan ximpleries. A la Tanit li agraden molt els programes d'animals perquè vol ser veterinària. Cada vegada que porten en *Xuc* a vacunar ella pregunta coses sobre els gossos i mira com s'ho fan per curar-los.

En *Xuc,* el tenen d'ençà que viuen a la caseta dels Tremolencs. Abans estaven en un pis enmig del poble però ara tenen una caseta a prop del bosc i en *Xuc* fa companyia, sobretot a les nits. De dies està molt sol, pobre *Xuc,* perquè la Tanit va a l'escola i els seus pares treballen. Ha d'estar lligat perquè a la senyora que fa la neteja li fan por els gossos i encara que li diguin que en *Xuc* és molt manyac no s'ho creu. En té la culpa la senyora Trini que és una veïna que tenen tres o quatre cases més avall i que té uns gossos molt salvatges que sempre van deixats anar i més d'una vegada han fet mal a la gent. La senyora de la neteja sempre duu un parell de rocs a la butxaca, però en *Xuc* no fa mai res a ningú.

Quan la Tanit ve de l'escola deslliga en *Xuc* i se l'enduu a donar un volt. Si baixen a comprar al poble amb la mare o el pare en *Xuc* també hi vol anar i si no el volen es posa trist i plora. Els gossos no ploren igual que les persones, no els cauen llàgrimes. Només fan un gemec que fa molta llàstima.

Quan se l'emporten al poble, l'han de deixar a dins del cotxe o l'han de dur lligat amb la corretja perquè, si no, els posarien una multa. És clar que hi ha molta gent que no ho fa i la senyora Trini tothom diu que no paga les multes, però la mare diu que les bèsties són bèsties per molt que les estimis i que les persones són les qui han de tenir seny.

Si surten a passeig pels camins del bosc, en *Xuc* està molt i molt content. Corre endavant i endarrera moltes vegades i quan el criden: «Vine aquí!» no en fa gaire cas. A moltes cases, els gossos creuen més el pare que l'altra gent però a casa la Tanit, en *Xuc* creu molt més la mare. També és veritat que al pare no li agraden gaire els gossos i que si en *Xuc* se li acosta a llepar-lo li diu: «Au, fuig, bèstia!» perquè no pot resistir que el llepin. Li agrada més seure tranquil en una butaca, llegir el diari, escoltar música i prendre cafè. En canvi, ella i la mare no li diuen mai «bèstia» al pobre *Xuc*. Li diuen sempre *Xuc*, es deixen llepar una mica i, si fa dolenteries, la mare el renya però la Tanit no.

Cada matí la mare es lleva, obre la porta del jardí i diu:

–Apa, *Xuc*. Vés a despertar la Tanit.

En *Xuc* obre la porta de l'habitació. Hi té molta traça. Sembla que la seva pota sigui una mà. Desperta la Tanit, però en comptes de tornar cap a la cuina, s'enfila al llit i s'hi estira.

Quan era petit no feia gens de nosa però ara, que ja és gran, li ocupa tot el llit i ella queda mig esclafada. Aleshores la mare treu el cap per la porta i diu:

–Vinga! Tots dos a formar!

Això vol dir que ella s'ha de llevar i que en *Xuc* ha d'anar a fora.

A casa, doncs, no hi ha problemes. Viuen tranquils i només a vegades estan de mal humor si han tingut massa feina o no troben les coses. Com a tot arreu. Bé, com a tot arreu on la gent té feina i no està malalta o no li passen desgràcies. Hi ha persones que en tenen molts, de problemes. Tota la gent que visita el pare a l'hospital en tenen molts i a vegades es moren. La Tanit ja sap que un dia o un altre tothom s'ha de morir però mira de no pensar-hi perquè això de la mort no fa gràcia a ningú.

La mare és diferent. Els nens que ella visita també tenen problemes, és clar, però són més fàcils de poder solucionar. Els han de treure algun queixal o posar-los aparells perquè les dents no els quedin tortes. Una vegada, quan encara tenia els queixals de llet, la Tanit va haver d'anar al consultori de la seva mare perquè li n'havien d'arrencar un i ella va fer com tots els nens o sigui que va mirar de ser valenta però al capdavall va plorar una mica.

Això va ser fa temps. Ara ja és gran i no pot

estar tot el dia explicant a la mare si s'ha barallat amb els amics o si a l'escola hi ha alguna cosa que no rutlla. Ara ja arriba bé al mirall del lavabo i pot preguntar coses a la cara que hi veu. Ja ho sap, és clar, que la cara és la seva però al mateix temps és com si fos la d'una altra persona a qui pogués explicar coses.

Tot va començar feia dos anys quan en tenia vuit i havia de tenir una germaneta. Faltava molt poc temps i estaven molt feliços tots plegats quan la mare, baixant per l'escala, es va torçar el peu i va rodolar graons avall. Aleshores encara vivien al pis. De primer va semblar que no passava res. La mare no s'havia trencat cap os, només s'havia donat cops i estava una mica marejada. Li van ben embolicar el turmell, li van dir que descansés i que potser estaria de sort i la germaneta no s'hauria malmès amb la caiguda, però al cap d'uns quants dies la mare estava preocupada perquè no sentia gens els cops de peu que els nens sempre fan quan són a punt de néixer i que fan tanta alegria perquè vol dir que tot va bé. Aleshores va anar al metge que ajuda els nens a venir al món i ell va estar molt trist i va dir que la germaneta s'havia mort i que potser ho feia la caiguda o potser ho feia una altra cosa.

La Tanit no havia pas anat a casa el metge amb la mare. Quan va arribar de l'escola va trobar el pare que l'esperava i li va dir:

–Escolta, Tanit. Has de ser valenta. Ha passat una cosa molt trista. La germaneta s'ha mort i la mare necessita que l'animem molt perquè encara poden passar uns quants dies abans que no neixi i prou pena que tindrà de pensar que li naixerà morta. Ho entens?

–No.

–Hem anat al metge i li ho ha dit.

–I com ho sap el metge si no l'ha poguda veure?

–Ho sap, reina.

–I no es pot equivocar? No s'equivoquen mai, els metges?

–A vegades sí, però aquesta vegada, no.

–Com ho saps?

–Perquè a la germaneta no li batega el cor. Quan el cor d'una persona gran o petita no batega, segur que són morts. I ara, si tens ganes de plorar, vine a la falda i plora tanta estona com vulguis però, a la mare, hem de mirar de consolar-la. Oi que ho entens?

–Sí, pare –va dir la Tanit.

Aleshores va seure a la falda del pare i plora que plora. El pare li anava fent festes al cap i no li va dir: «Para!» o «Ara ja n'hi ha prou!». No. La va deixar plorar fins que es va adormir i aleshores la va dur al llit. Ella no se'n va adonar fins l'endemà al matí. Es va despertar bastant d'hora i va pensar que tot ho havia somiat, però aleshores va veure que no duia pijama sinó que havia dormit amb calcetes i samarreta i això era molt estrany. Sense fer soroll va saltar del llit, va anar al lavabo, va encendre el llum i es va mirar al mirall.

La cara del mirall li va dir ben clar que havia passat alguna cosa trista perquè no era pas la de cada dia; aquesta era riallera i feia ganyotes de trobar-se bufona. Era una cara diferent, amb els ulls vermells i com espantats. Uns ulls que li van dir: «Ja no tindràs cap germaneta» i de seguida van omplir-se de llàgrimes. Però aleshores va sortir una boca de nena gran que es tancava i deia: «Has de ser valenta perquè si no, com s'ho farà la pobra mare?»

Bé, va passar igual que el dia que li van arrencar el queixal de llet. En lloc de ser valenta va anar corrents a l'habitació de la mare. Com que ara ja no tenia por de fer mal a la germaneta es va ficar al seu llit, la va abraçar i va tornar a plorar fins que se li van acabar totes les llàgrimes i només li anaven sortint nyucs i gemecs. O sigui que en comptes de consolar la mare, va ser la mare que la va haver de consolar. Però després ja va ser més fàcil i la Tanit feia tot el que podia per estalviar feina a la mare.

Quan va haver nascut la pobra germaneta

morta, la mare va dir: –Qui sap! Potser ha estat millor així. Potser hauria estat malalta i hauria patit molt. Ara no patirà gens, pobreta, i l'única cosa que ha vingut a fer al món ha estat passar una temporada calentona i sentir com tothom l'estimava. És una cosa ben bonica, oi?

–Sí –va dir la Tanit no gaire convençuda.

Però sempre més va pensar en les paraules de la mare i quan estava trista o tenia algun mal, o si a vegades veia nens malalts pensava: «Això, a la germaneta, no li passarà mai» i es consolava.

Una altra cosa que també recordava era les paraules del seu pare, que s'ha de ser valent i no fer pena a les altres persones. Per això, quan li passava alguna cosa se n'anava al lavabo i es mirava al mirall per veure què li deia l'altra cara. A vegades li deia: «Bah! No n'hi ha per a tant». Altres vegades ja no li havia de dir res perquè només mirar-se ja li venien ganes de riure i fer ganyotes. Però quan la cara no va pas saber gaire què dir-li va ser quan va haver conegut l'àvia Perona.

2

L'ÀVIA PERONA no era àvia de ningú. Vivia sola en una casa vella enmig del bosc i la gent deia que feia bruixeries i que valia més no acostar-s'hi. De fet, ben poca gent la coneixia i la Tanit no l'hauria pas coneguda mai si no hagués estat culpa d'en *Xuc.*

Un dia en *Xuc* es va escapar. Ho feia de vegades però sempre tornava. L'havien de xiular o cridar-lo pel bosc però tard o d'hora tornava a comparèixer.

Aquella vegada ja havien passat un dia i dues nits i en *Xuc* no apareixia. El segon dia era dissabte. La Tanit no anava a l'escola i en comptes de fer matinada com acostumava a fer cada dissabte amb en *Xuc* al costat, es va llevar ben d'hora, es va posar les bambes i el xandall i va preparar el sarró amb la corretja d'en *Xuc* i un tros ben gros de bistec que hi havia a la nevera. Havia decidit que no tornaria a casa fins que trobés en *Xuc.*

Quan ja era fora va recular i va fer-se un entrepà per a ella. Havia pensat que si estava massa estona caminant també tindria gana. Aleshores va escriure en un full de paper: «No patiu. Sóc a la muntanya a buscar en *Xuc*. Ja tornare abans que sigui fosc» i va deixar el full al costat del telèfon.

Ben equipada amb tot el que calia, va tornar a sortir i va enfilar-se pel camí que hi havia una mica més enllà de casa seva que duia a la font dels Tremolencs. Aquesta font, abans, era molt solitària, però ara tenia les cases molt a prop: la de la Tanit i la de tota l'altra gent que vivia per allà, i aviat s'hi arribava.

Quan va ser a la font va començar a cridar: «*Xuc*! Vine aquí!» però en *Xuc* no venia. Això ja s'ho pensava perquè si hagués estat tan a la vora prou que hauria tornat. Va sospirar i va dir-se: «Serà qüestió d'anar més lluny i no cansar-se.»

Primer de tot anava molt de pressa però al cap d'una estona de pujar per camins costeruts, esbufegava molt i estava molt cansada. Va mirar el rellotge i va veure que tot just eren les deu. Feia una hora que caminava i ja tenia gana. Va pensar: «Has estat ben ruca d'agafar tan poc pa. Hauries hagut d'endur-te dos o tres entrepans.» Va desembolicar una mica el que duia i va mossegar-ne un trosset. Era molt bo però si se l'acabava de seguida, què menjaria després? El va tornar a embolicar, es va estirar una mica, va fer dos o tres salts per treure's la mandra de les cames i va tornar a enfilar-se muntanya amunt.

Al bosc només se sentien ocells i els esbufecs de la Tanit. Quan s'aturava per reprendre alè, es repenjava una mica en un arbre i escoltava els ocells.

No era un bosc gaire espès. Hi havia pins, alguna alzina i algun roure i moltes mates. Algunes, les coneixia com és ara el romaní, la farigola o el boix grèvol. D'altres es recordava que n'havia collit però no estava ben segura del seu nom. Totes tenien brots i fulles tendres perquè era el mes d'abril. Com que havia plogut feia pocs dies, la terra del bosc encara era humida i les fulles seques de l'hivern eren totes molles i embrutaven les bambes i els baixos dels pantalons del xandall de la Tanit però a ella, tant se li'n donava. Tant era embrutar-se si al capdavall trobava en *Xuc*. Els xandalls ja es renten!

Feia ben bé dues hores que caminava fent ziguesteria-zagues pel bosc i ja gairebé no tenia ni esma de tornar a cridar en *Xuc,* quan va trobar la casa. Era com una barraca feta amb maons i al voltant hi havia com un jardí de plantes de bosc tancat per una cleda feta amb canyes.

Abans de poder veure què més hi havia en aquella caseta la Tanit va sentir uns lladrucs tots alegres i va sortir en *Xuc* de darrera les canyes.

–*Xuc!* –va cridar la Tanit–. Què hi fas, aquí? Per què no tornaves a casa?

En *Xuc* va anar-hi remenant la cua i saltant com un boig. Li va posar les potes a les espatlles amb tanta embranzida que la va fer caure. Sort que a terra era tou.

Ara que ja l'havia trobat, la Tanit estava contenta i enfadada. Contenta d'haver-lo trobat, és clar, però enfadada que s'hagués estimat més rondar pel bosc que tornar a casa seva.

–Què hi feies, aquí, dolent? ¿Que vols tornar-te un llop salvatge i que els caçadors vinguin i et matin?

De fet, ja s'hi assemblava força a un llop. Era un pastor alemany i quan es posava dret per saltar o fer una festa era més alt que la Tanit i fins i tot que la mare. El pare no es deixava posar mai les potes a sobre i deia que si les bèsties tenen quatre potes i cap mà vol dir que han de tocar de peus a terra. Tenia raó, però sobretot ho deia perquè no li agradaven gaire els gossos.

La Tanit, doncs, estava alegre i enfadada. Va treure la corretja del sarró i volia posar-la-hi però en *Xuc* li fugia.

Va ser aleshores que la Tanit va veure que la mirava una vella i va tenir un bon sobresalt. «Sort que és clar», va pensar, «perquè si no, em moro de l'esglai».

La veritat és que aquella vella no feia gaire gràcia. Anava mal girbada i més aviat escabellada. Tenia la cara plena d'arrugues i els ulls petits i brillants. També tenia les galtes xuclades com si li faltés algun queixal, però més endavant la Tanit va saber que no era pas així, al contrari, tenia totes les dents i ben fortes, encara que no gaire boniques.

En *Xuc* era un tros lluny i la Tanit no sabia si tornar-lo a cridar o saludar la vella. Sentia que el cor li anava fent patrip-patrap, una mica de cansament i una mica de mitja basarda, però va pensar «per què haig de tenir por? No m'ha pas fet res, pobra dona!». Aleshores es va acostar una mica a la cleda de canyes i va dir:

–Bon dia. He vingut a veure si trobava el meu gos perquè se m'havia escapat.

–*Mmmmm* –va fer la vella i es va girar per entrar dins de la barraca.

La Tanit es va sentir una mica ofesa. Ves quina dona més salvatge! És clar que li deien bruixa la gent del poble si era tan sorruda i tan malagradosa! Bé, pitjor per a ella! «Jo ja m'he portat bé», va pensar; «l'he saludada i he estat ben educada. És ella la qui no ho ha estat gens.»

Com que en *Xuc* no volia venir, va obrir el sarró, va treure el tros de carn i va cridar:

–Té, *Xuc,* carneta!

En *Xuc* va venir corrents, va agafar el tros de bistec i mentrestant la Tanit li va poder enganxar la corretja al collar. No el lligava mai quan el duia a passeig, però ara tenia por que tornés a escapar-se. Aleshores va sentir una veu darrera seu que deia:

–Això! Torna'l a empatxar que et fugirà altre cop!

–Estava empatxat? I com ho sap?

–Ho sé.

–I, per què ha de fugir si està empatxat?

–Buscava un remei.

–L'ha vinguda a veure a vostè perquè li fes un remei? –va dir la Tanit amb veu de no creure-s'ho.

–Se l'ha buscat tot sol, el remei.

–Quin remei era?

–Què n'has de fer? No ets pas cap gos, tu.

«Quina dona!», va pensar la Tanit «i que n'arriba a ser, de malagradosa i d'antipàtica».

Al capdavall, però, li havia dit alguna cosa i valia més un rebuf que no pas res. Si enraonava no li feia gens de por i en canvi quan la mirava sense dir-li res, li havien vingut tot d'esgarrifances.

–Bé, passi-ho bé –va dir la Tanit.

–*Mmmmm* –va remugar la vella.

La Tanit va anar muntanya avall. Era molt més fàcil que no pas enfilar-s'hi. No es recordava pas del camí que havia seguit però en *Xuc* la guiava i a l'hora de dinar ja eren a casa. Ni el pare ni la mare no havien tornat. Ella es va dutxar, es va canviar i es va acabar l'entrepà mossegat perquè tenia una gana que l'aixecava. En *Xuc* corria pel jardí com si res no hagués passat i la Tanit reia pensant en la sorpresa que tindria la mare.

Ja ho crec que la va tenir! Així que el seu cotxe arribava, en *Xuc* va córrer a la porta del jardí i vinga lladrar i saltar com un liró. La mare va dir:

–Ah! Ja ets aquí, gran perdulari? I, ¿on eres, si es pot saber, a fer caure pedra?

–L'he trobat jo –va dir la Tanit.

–Què dius, ara? I on era?

–Era al bosc. A casa la bruixa.

–On dius?

–Bé, a casa d'una dona vella que tothom diu que és una bruixa.

–No sempre és veritat el que diu tothom.

–Ja ho sé, però no m'estranya que li diguin bruixa. És una dona que fa por.

–Per què?

–Perquè és molt malagradosa i va tota desmanegada.

–A vegades, tu també hi vas.

–Oh! És molt diferent.

–Bé, ja ho discutirem una altra estona. I, ¿què hi feia, en *Xuc,* a casa la senyora del bosc?

–La senyora del bosc! Això sí que m'agrada –va dir la Tanit tot rient–. Vaja quina senyora!

–Mentre no li sàpiga el nom, li diré senyora, si a tu no et sap greu.

–No me'n sap, de greu. Només m'ha fet gràcia. Diu la senyora del bosc que en *Xuc* estava empatxat i que ha anat a curar-se.

–Ah! Molt interessant. I, a més a més, deu ser veritat.

–De debò?

–Sí. Els animals tenen un instint que els fa buscar les herbes que els guareixen gairebé de tot. Vull dir si no és una malaltia massa seriosa.

–Doncs, per què el duus al veterinari, tu?

–Perquè sempre tinc por que tingui una malaltia massa important. I bé, ja li has donat les gràcies de la informació?

–No. De veritat, mare, que era una senyora molt poc simpàtica. Jo li deia coses i em contestava amb rebufos.

–Ah sí? Conec una nena que algun cop també ho fa.

–Però només amb tu. Amb la gent que no conec, sóc ben educada.

–Moltes gràcies –va dir la mare–. M'estimaria més no gaudir d'aquests privilegis.

Però ho va dir rient. És veritat que la Tanit rondinava una mica quan la mare li demanava que l'ajudés a fer els llits o a parar taula quan no hi havia la senyora de la neteja. També és veritat que a vegades anava bruta o desmanegada, però això no vol dir que semblés una bruixa o que sempre fos malagradosa. Hi havia dies de tot. Com tothom. Ara mateix, anava neta i polida perquè feia molt poc que s'havia dutxat. Només havia deixat la roba bruta i les bambes a la cambra de bany per aquí enllà en comptes d'endreçar-ho. De tota manera, abans que la mare tingués temps d'adonar-se'n, va córrer a ficar la roba bruta al cove i va dur les bambes al garatge perquè s'assequessin i saltés la terra que hi havia enganxada.

3

QUAN LA TANIT va anar a l'escola, dilluns al matí, tenia moltes ganes d'explicar les seves aventures als companys. En tenia molts, però els més amics de tots eren tres: dos nens i una nena. Es deien Sergi, Roc i Berta. Tots quatre feien cinquè d'EGB. El més gran era en Sergi, que feia els anys pel març; després la Berta, pel juliol, la Tanit, pel setembre, i en Roc, pel desembre. Ara tenien tots deu anys fora d'en Roc, perquè era el mes d'octubre.

Amb els altres nens de la classe no eren tan amics i a vegades jugaven i altres vegades es barallaven. Ells quatre s'avenien molt, però la senyoreta no els deixava seure junts perquè els deia que eren massa xerraires i en posava un a cada punta de la classe.

Abans d'entrar a l'escola, doncs, la Tanit els va dir:

–Sabeu? En *Xuc* s'havia perdut i jo el vaig trobar al bosc.

–Com t'ho vas fer? –va dir la Berta.

–No ho sé. Anava caminant i el cridava. Em penso que vaig estar molt de sort de trobar-lo perquè ell no em sentia pas. Fins que al cap de molta estona em va sortir de darrera el tancat d'una barraca on hi havia una senyora vella.

–Devia ser la bruixa! –va dir en Sergi.

–La meva mare diu que no ho podem dir, això. Que no n'hi ha, de bruixes —va dir la Tanit.

–Ja ho sé –va dir en Roc–. Però tothom li ho diu.

–I què et va fer? –va demanar la Berta amb els ulls tots oberts com si tingués ganes que hagués passat una cosa ben esgarrifosa.

–Res, no em va fer –va dir la Tanit–. Només va dir-me que en *Xuc* s'havia buscat un remei per no estar empatxat.

–I com ho sabia, ella? –va dir en Roc.

–No ho sé.

No en van poder parlar més perquè ja començaven les classes, però tots tenien ganes que fos l'hora del pati i poder preguntar moltes més coses.

Tot esperant l'hora del pati, a la Tanit, li va passar una cosa molt estranya. Li semblava que havia fet mal fet de parlar de la bruixa. Hauria hagut de parlar d'en *Xuc,* que s'havia perdut i que l'havia trobat ella, però res més.

El que és més estrany és que no sabia per què era mal fet. Als seus amics, els explicava totes les coses, però n'hi havia que no les hi deia mai, com és ara la pena de no tenir una germaneta o altres coses que passaven a casa. No és pas que el pare i la mare li diguessin que ho fes, però ja coneixia que no tot es pot dir. Com en *Xuc,* que sabia quina herba el guaria.

Al cap d'una estona d'anar-hi pensant es va trobar malament i tot i va demanar permís per poder anar al lavabo. Quan hi va ser, es va mirar al mirall i hi va veure una cara molt preocupada. Una cara d'aquelles que diuen: «T'has equivocat. Ara esperem que no te n'hagis de penedir» però encara no sabia gens per què s'havia equivocat o què en podia sortir de dolent. La cara del mirall només era igual que els seus pensaments però no explicava res de nou.

–D'acord –va dir la Tanit a la cara del mirall–. Ja miraré de distreure'ls i parlar d'altres coses.

Va tornar a classe i a l'hora del pati va proposar als seus amics que juguessin a bàsquet o a anar a prendre la pilota als qui jugaven al futbol, però la Berta li va dir:

–Acaba'ns d'explicar tot allò de la bruixa.

–Ja està explicat. Vaig trobar en *Xuc* allà i ens en vam tornar a casa.

–Però, com és, la bruixa?

–No és cap bruixa. És una dona vella i em va dir allò que en *Xuc* s'havia refet sol.

–I no et va dir si ella li havia donat alguna herba màgica?

–No, no. Ja us ho he dit tot.

Els seus amics no van quedar gaire satisfets i volien saber com era la casa i com hi havia anat a parar. Això va ser molt fàcil de respondre perquè, de fet, ella no ho sabia pas, com hi havia anat a parar. En Roc li va dir:

–Que hi sabries tornar?

–No –va dir la Tanit–. Jo anava caminant pel bosc sense seguir camins i cridava en *Xuc*. Tot d'una vaig veure la caseta, però no sé per on s'hi va i em penso que em perdria.

–Quina llàstima –va dir la Berta–. Hi hauríem pogut anar tots plegats i fer alguna broma o tirar pedres.

–Per què? –va dir la Tanit.

–Perquè sí. I després arrencar a córrer i veure si la bruixa ens empaitava amb una escombra.

–Que paula! –va dir en Sergi–. Es pensa que aquella casa és el tren de la bruixa.

–Ja ho sé que no ho és, encantat! –va dir la Berta tota enfadada.

Es van barallar una estona i després van fer les paus i van jugar a bàsquet. Els agradava

molt jugar-hi i encertar la cistella. El qui en sabia més era en Roc perquè era molt lleuger i saltava molt. Després venia la Tanit i en Sergi. La Berta no encertava gaire la cistella, tot i que saltava molt bé, perquè era massa esverada i no tenia paciència de preparar la jugada.

Quan van tornar a ser a classe la Tanit pensava en el que havia dit la Berta: «Hi hauríem pogut anar plegats i fer una broma o tirar pedres.» Tothom els deia que això no s'ha de fer, tant els pares com els mestres, però a alguns nens els agradava tirar pedres als gats o als fanals. I això que si els veien, els tocava passar una bona vergonya. Una vegada un nen de la classe va tirar una pedra a un fanal del passeig i el va trencar, però el van atrapar i el van dur als municipals. Aleshores van cridar els pares i van haver de pagar el fanal.

Altres vegades no els atrapava ningú i no passaven cap vergonya, però la Tanit no tenia ganes que els seus amics anessin a empipar aquella pobra dona que no els havia fet res. Potser només ho deien i quan seria hora no farien res, però valia més que no ho provessin. Bé, ja ho havia decidit parlant amb la cara del mirall: no parlaria més de la bruixa, o de la senyora del bosc, que deia la mare, i tot acabat.

El que va passar és que ella hi pensava molt, en la caseta i tenia moltes ganes de tornar-hi.

No pas a fer-hi res de mal, és clar, només a veure-la. Molts dies pensava en la caseta del bosc, tot i que no era pas de xocolata com aquella del conte sinó de maons atrotinats però, així i tot, es moria de ganes de tornar a veure què passava per allà.

Durant aquells dies també es recordava molt de la seva àvia que s'havia mort. I això que encara s'assemblava menys a la vella dels bosc que no pas la caseta a la del conte. Quines coses més estranyes que fan els pensaments!

D'àvia, la Tanit, en tenia una. Era la mare del seu pare. Tenia una botiga de llanes i sempre li feia jerseis. En sabia molt i sempre tenia la botiga plena de senyores que li anaven a demanar com es feien els punts o com s'esmotxava.

També tenia un avi que era el pare de la mare. Quan era més petita, la Tanit deia als seus avis:

–Per què no us caseu i així no haureu de viure sols?

Els avis reien i deien que ja s'ho pensarien, però no es casaven. L'avi es deia Gabriel i no tenia cap botiga. Era metge dels que van per les cases quan s'està malalt. L'àvia que es va morir no tenia ni botiga ni ofici. Només feia d'àvia i havia tingut cura de la mare quan era petita, de la tia Mercè i de l'avi.

L'avi que es va morir treballava al banc i ni ell ni l'altra àvia no eren pas gens vells quan es van morir i va ser una llàstima.

Però la persona de la família que a la Tanit li té el cor més robat és la tia Mercè, que és la germana de la mare i viu a l'Ametlla amb l'avi. Sempre va en una moto d'aquelles tan grosses i diu que el que li agradaria més del món és ser general de cavalleria. Tothom li diu que s'ha de casar, però ella contesta que no hi ha cap home al món com el seu pare perquè els altres no la tindrien tan aviciada i que ja es casarà quan sigui vella.

La Tanit se l'estima molt perquè sempre està alegre i explica coses divertides. A vegades l'ha volguda al laboratori on treballa i sembla que jugui omplint tubs i buidant-los, però no juga. Porta una bata blanca i diu si els colors són ben barrejats i si la roba quedarà bonica perquè el laboratori és d'una fàbrica de teixits.

Tot i que res de la casa del bosc no feia pensar en ningú ni en res de la família, la Tanit hi pensava sovint i tenia moltes ganes de tornar-la a veure. No sabia per què, ni ho hauria pogut explicar, però cada vegada que sortia al jardí i veia el bosc tan a la vora, les cames li feien com unes pessigolles de tant que volien enfilar el camí i mirar si trobaven la casa.

Quan va ser dissabte altre cop, la Tanit va

anar al garatge, va espolsar les bambes, que ja eren ben seques, se les va posar i va dir baixet: «A veure què passa!»

No va haver de recular a fer-se un entrepà perquè ja hi havia pensat abans i se l'havia preparat. En *Xuc* estava tot content perquè es pensava que se l'enduria, però ella li va dir:

–No t'enfadis, *Xuc,* però hi vull anar sola.

En *Xuc* va protestar i no es volia quedar a casa però ella no el va deslligar. Per estar al jardí duia una corretja molt més llarga que per anar a passeig perquè no hagués d'estar tan quiet, però així i tot en *Xuc* no estava gens content i volia saltar i córrer sense cap entrebanc. A la Tanit, li feia molta llàstima però se'n va anar tota sola.

En comptes d'enfilar-se pel bosc, va seguir el camí tota l'estona. Pensava que així seria més fàcil de no perdre's i que, segurament, la casa de la bruixa, o de la senyora del bosc, havia de ser a prop del corriol encara que ella l'hagués trobada pujant per entre els arbres.

Va caminar molta estona i res de trobar la caseta. Amunt, amunt, sentia els seus bufecs com l'altre cop, però a dreta i a esquerra només hi havia mates, la terra de sauló que feia relliscar una mica i els arbres més endins. A terra hi havia la pinassa i les fulles que queien dels roures, però no gaires, perquè gairebé tots els arbres eren pins. Tot caminant, mirava si trobava pinyons i n'hi havia uns quants. Quan va tenir-ne un grapadet va buscar una pedra, els va trencar i se'ls va menjar. Eren molt bons. Llàstima que les pinyes fossin tan enlaire. Va provar de fer-ne caure alguna amb una pedra però no les encertava, i això que sabia tant de jugar a bàsquet. Arribava a tocar-les però no tenia prou força per fer-les caure. «Potser en Roc hi tindria més traça», va pensar; «li hauré de dir que vingui algun dia». Però als seus amics, els feia una mica de mandra anar-la a veure a casa seva perquè era força lluny del poble i feia pujada. S'estimaven més que ella baixés en bicicleta i que anessin plegats a donar voltes pel Passeig, que era molt llarg i anava bé per a fer-hi curses.

Bé, doncs, hi havia pinyes i pinassa. Fulles a terra i fulles als arbres i a les mates. Sauló que feia relliscar i pedres i pedretes de totes les mides. Però la caseta no apareixia per enlloc. La Tanit es va cansar de caminar i buscar. De tant en tant deixava el camí i s'endinsava un tros pel bosc, però la barraca no volia aparèixer.

–Sort que he vingut sola –va dir la Tanit tot baixet com si ho digués als galzerans i als romanins–; perquè si hagués vingut amb els meus amics es riurien de mi o es pensarien que ho havia somiat.

Va tornar cap a casa i com que feia molta baixada, en comptes de caminar gairebé corria. De tant en tant hi havia unes mates amb fruits vermellosos. La Tanit en va collir uns quants i va pensar que miraria com se'n deia en un llibre de plantes del bosc que tenia a casa. Quan hi va ser, va trobar que eren el fruit d'una mata que es deia «Gavarrera canina o rosa canina» però el que li va donar gairebé un sobresalt és l'explicació que feia d'aquest nom. Perquè deia: «Es diu canina perquè abans la gent es pensava que la seva arrel podia guarir la ràbia».

I la Tanit sabia prou bé que la ràbia era la pitjor malaltia que podien tenir i encomanar els gossos. O sigui que potser sí que hi havia herbes guaridores.

4

AQUELLA setmana era la darrera setmana d'octubre i tots preparaven la castanyada. Anirien al bosc, però no al dels Tremolencs que era al costat d'allà on vivia la Tanit, sinó al de l'altra punta que era a prop de l'escola. Això, si no plovia. Si plovia haurien de coure les castanyes al tros de pati cobert on feien la gimnàstica i seria molt més avorrit.

A totes les classes feien dibuixos de les fulles de castanyer i de les castanyes. Al Passeig n'hi havia però eren bords. Semblaven bones, aquelles castanyes, però no ho eren i un nen que no va fer cas de la senyoreta i en va tastar una, la va haver d'escopir corrents i, per postres, el van ben renyar: «Que vols estar malalt?», va dir la senyoreta tota enfadada.

La Berta va fer un vers que deia:

Castanya madura
castanya marró
dus abric de punxes
i un vestit rodó.

El van copiar a la pissarra i tots se'l van aprendre de memòria, que no costava gens.

Va ser una setmana molt distreta entre anar a buscar fulles de castanyer i castanyes, tant bones com bordes, però la Tanit, encara que jugava i reia com tothom, pensava en la casa del bosc i en el greu que li sabia no haver-la trobada. També pensava que li aniria molt bé poder parlar d'aquestes coses amb algú, però tenia por que se'n riguessin o que volguessin planejar malifetes.

Al cap de molt rumiar va veure molt clar que s'havia equivocat deixant en *Xuc* a casa. Els gossos es recorden dels camins i segurament l'hauria guiada. Aleshores només tenia ganes que arribés dissabte i tornar a provar d'arribar a lloc.

Divendres a la tarda no va ploure i van poder celebrar una bona Castanyada. Tothom s'ho va passar molt bé i tots van acabar amb les mans i el xandall ben emmascarats. La Tanit va arribar a casa molt cansada però l'endemà es va despertar a l'hora de sempre i va pensar: «Tens raó que avui és dissabte!» i es va llevar de seguida sense fer gens el mandra.

En *Xuc* va estar molt content quan ella li va dir:

–Avui sí que et vull, però m'has de dur de dret a la barraca de la senyora que et va guarir.

«S'ha refet tot sol» havia dit ella, però, qui sap? Potser no havia anat així.

En *Xuc* feia molt més camí que la Tanit perquè anava endavant i endarrera. La Tanit collia troncs i els hi tirava. Ell els caçava al vol i els hi tornava. Si els tirava massa lluny per poder-los agafar abans que toquessin a terra, en *Xuc* marxava esperitat, passava de llarg i feia les mil i una comèdies.

Quan ja feia estona que caminaven, en *Xuc,* en comptes de seguir el camí, va fer un salt pel marge i es va ficar al bosc:

–Espera'm! –va dir la Tanit, perquè ella no podia saltar tan lleugera aquell marge. S'hi havia d'enfilar agafant-se a les mates i abans d'agafar-s'hi calia assegurar-se que no tenien punxes. La mata que li va fer d'ajuda era un romaní i li van quedar les mans totes perfumades. En *Xuc* ja era qui sap a on i el va haver de cridar per no perdre'l. «Vine aquí, esverat!», li va dir i encara sort que la va creure. Van caminar una estoneta més i tot d'una, clac!, va sortir la caseta.

El cor de la Tanit va fer patrip-patrap. Estava molt contenta d'haver trobat el que cercava però també pensava: «I ara, què?» De tota manera es va anar acostant a la cleda de canyes. En *Xuc* va ser més atrevit i es va ficar a dintre el tancat:

–Vine aquí! –va cridar la Tanit i en *Xuc,* en comptes de tornar al seu costat, va donar una volta pel clos, es va aturar en un racó i va començar a rosegar una planta.

–Què et passa? Tornes a estar empatxat? –li va dir la Tanit però, és clar, en *Xuc* no contestava.

No sortia ningú. La Tanit va travessar l'entrada de la cleda i va dir:

–Hola! Que puc passar?

Cap resposta.

Aleshores es va acostar a l'entrada de la caseta i va tornar a dir:

–Hola! Que hi ha ningú?

I altra vegada es va quedar sense resposta. Tenia moltes ganes d'entrar i mirar què hi havia allà a dins, però no gosava per si la bruixa fos allà i l'esbronqués.

Ja estava a punt de girar cua quan va veure que es movia una cosa dins de la barraca. El cor li va fer un salt i va estar a punt d'arrencar a córrer, però va fer el cor fort i es va esperar.

Al cap d'una mica va sortir la vella. Semblava més bruixa que mai, sobretot perquè se la mirava de través com si estigués a punt de convertir-la en una pedra o en algun animal. Si tot d'una l'hagués vista amb una escombra entre les cames, la Tanit no s'hauria estranyat.

Més aviat feia estrany que sortís sense escombra. La vella li va dir:

–Ten-lo estacat, el gos, i no et fugirà més.

–No m'ha pas fugit. Me l'he endut a passeig.

–Si anaves a passeig, per què has vingut a casa meva? No és cap passeig, això.

–Ja ho sé –va dir la Tanit i començava a estar enfadada–. Només volia donar-li les gràcies per haver-me curat el gos. La meva mare va dir-me que ho fes.

–La teva mare no sap res. S'espavilen tots sols, els gossos, no t'ho vaig dir l'altra vegada?

Això que parlés malament de la mare sí que li va caure malament del tot. Encara gràcies d'haver volgut que fos ben educada!

Aleshores va dir amb una veu de mal humor:

–A casa meva quan ve algú li diem que entri i segui.

–A casa teva deveu tenir molt poca feina si podeu seure cada vegada que ve algú.

–Jo només volia saber per a què serveixen totes aquestes herbes.

–Per a fer-te enraonar.

–Com se'n diu, d'aquesta planta que rosega en *Xuc?*

–Grana de saberuts!

–No és pas cap grana! –va dir la Tanit.

–Doncs si ja ho saps, per què ho preguntes?

–Bé. No s'enfadi! Ja me'n vaig.

–No m'enfado pas. Només vull que tu te'n vagis per les teves i que a mi em deixis amb les meves.

Bé, no havia estat una entrevista gaire cordial, però malgrat tot havien fet una mica de conversa. Tenia una veu una mica fosca i deia les coses molt a poc a poc, com si les rumiés, però no semblava disgustada del tot de tenir visita. Si ho hagués estat no hauria dit res o l'hauria rebuda a cops de roc, que és el que deien al poble que feia.

La Tanit ja marxava però tot d'una es va girar i va dir:

–Em pot dir una cosa, almenys? Com se diu?

–Jo no em dic res. Si de cas em diuen.

–Bé. Doncs, com li diuen?

–Em diuen la Perona si mai em diuen res. I tu bé deus saber com em diuen els galifardeus i les mosses del poble. Ho saps, sí o no?

La Tanit no va contestar i va sentir que es tornava vermella. Per sortir del pas va trencar de conversa:

–Jo em dic Tanit. Vaja, m'ho diuen.

–És un nom de sant, això?

–No ho sé. És un nom de Mallorca. La meva tia hi va anar, va sentir que una nena s'ho deia i va dir a la meva mare que m'ho podia posar a mi. Bé, això m'ho han explicat perquè jo encara no havia nascut.

–On és això de Mallorca?

–Ui! Molt lluny! S'hi ha d'anar per mar.

–I per què te'l van dur de tan lluny, el teu nom? ¿Que no n'hi ha de bons per aquí a prop?

–A mi m'agrada molt –va dir la Tanit, altra vegada enfurismada–. Jo no he pas dit res de mal del seu nom i això que tampoc no conec ningú que es digui com vostè!

–La Perona. A casa meva era a can Peró. Tothom sabia on era. No és cap nom foraster. El meu pare va ser republicà i ens ho van prendre tot després de la revolta.

–Quina revolta?

–Quina vols que sigui? La revolta. La que hi va haver que ho va fer anar tot de cap per avall entre els d'abans i els de després. A can Peró els va tocar el rebre. I altres hi van guanyar. Vet-ho aquí!

La Tanit no sabia pas de què li parlava. També s'anava fent tard i va pensar que per aquell dia ja n'hi havia prou. Aleshores va dir:

–Me n'haig d'anar perquè els de casa patirien. Passi-ho bé, senyora Perona, fins un altre dia.

–De senyora, res.

–Doncs àvia Perona.

–Això encara menys. Perona tot sol. És que no ho saps dir?

–Sí que ho sé dir però no em surt.

–Doncs, si no surt, per mi que es quedi dintre.

I es va ficar cap a la barraca.

La Tanit va fer un xiulet per cridar en *Xuc* i se'n va anar cap a casa seva. Es va ben fixar per on passava i en arribar al camí va pensar que hi hauria de posar algun senyal per recordar-se que era allà on calia enfilar-se pel marge. No duia res al sarró que li pogués servir. Aleshores va collir tot de pedres petites i les va clavar a la terra del marge fent més o menys dues lletres: T P. Volien dir: Tanit i Perona.

Així, escrit, no quedava gens malament dir Perona tot sol, però enraonant no lligava gaire. Bé, ella li tornaria a dir «àvia Perona» i ja veurien què passava.

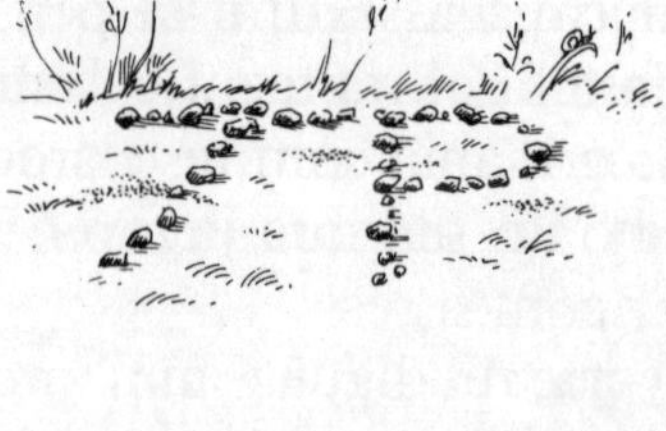

5

LA TANIT estava amoïnada. Volia i dolia. Se'n diu així, del que li passava. Per un cantó endevinava que valia més no parlar de la segona anada al bosc, de la tercera, vaja. Però, per altra banda, li semblava que no era bonic tenir tan poca confiança en els amics. També pensava que si els explicava que la dona del bosc no era bruixa, que tenia un nom i li podien dir l'àvia Perona, els seus amics no parlarien més de tirar pedres. També tenia ganes que sabessin com s'ho havia fet per a trobar la caseta i que havia posat un senyal al camí per no perdre's mai més. És clar que potser abans de fer el presumit calia assegurar-se que sabria trobar les pedretes del marge. Bé, tenia el cap fet un embull i no sabia com resoldre-ho.

Finalment, un dia que jugaven molt bé, la Tanit va dir com si res:

–No cal que li digueu mai més bruixa a aquella dona vella que viu tota sola al bosc.

No ho és pas, de bruixa. Té un nom. És diu Perona i, com que és vella com una àvia, se li pot dir l'àvia Perona.

–Com ho saps? –va dir en Roc.

–Perquè vaig anar a donar un volt amb en *Xuc* i ell m'hi va portar.

–I vau enraonar? –va preguntar la Berta.

–Sí. És que la mare m'havia dit que li donés les gràcies per haver desempatxat en *Xuc*.

–Em pensava que s'havia refet sol –va dir en Sergi.

–És el que diu l'àvia Perona. Però la mare es pensava que era ella que li havia donat un remei.

–No has tingut por? –va dir la Berta.

–No en fa pas, de por –va dir la Tanit–. És una mica malcarada i no té ganes d'enraonar, però de por, no en fa pas gens.

–Hi podríem anar, nosaltres? –va preguntar en Roc.

–No sé si hi trobaríem –va dir la Tanit, i es va estimar més no parlar de les pedres.

–Que ens hi porti en *Xuc*! –va dir en Sergi.

La Tanit va quedar molt parada. No havia pensat que li podien suggerir això, tan fàcil i tan clar com era. Si en *Xuc* hi havia trobat una vegada, quina falta feia posar-hi senyals? També podia trobar-hi més cops. Els seus amics no eren pas enzes i és ben veritat que les coses o no es comencen a explicar o et pots trobar en un compromís.

–Sí –van dir els altres dos–. En *Xuc* ens hi pot acompanyar. Quan hi anirem? Dissabte?

–No ho sé –va dir la Tanit–. És una mica lluny i potser ens farà mandra d'anar-hi dissabte. Hi ha moltes coses més divertides que caminar dues hores pel bosc.

–Què et passa! –va dir en Sergi–. ¿És que no vols que la vegem nosaltres o és que t'ho has inventat tu, això de la bruixa?

–Jo no dic mentides –va dir la Tanit.

–No poc! –va dir la Berta–. Quan enganyem els de quart o quan diem que no ens hem copiat els deures, tu també ho dius i són mentides.

–Bé, aquestes no s'hi compten –va dir la Tanit–. I si no em creieu, millor! Tant se me'n dóna!

Ara bé, si una cosa li sabia greu, a la Tanit era barallar-se amb els seus amics, sobretot si era per culpa seva, com ara. Però no s'acabava de decidir a prometre que anirien al bosc. Tenia por que passaria alguna cosa i no sabia quina. De tota manera volia fer les paus i va dir:

–Mireu. Jo em penso que no ho he somiat, però tampoc no sé si és ben bé com ho dic. Sabeu què? No en parlem més.

–Això! –va dir la Berta–. Primer ens en parles perquè ens vinguin ganes de saber més coses i després te'n desdius. Ara no et sóc amiga i aniré amb la colla de la Meritxell.

I se'n va anar tota enfadada. En Sergi i en Roc, no sabien què fer perquè eren molt amics de totes dues. En Roc es va quedar amb la Tanit dient que no s'amoïnés, que ja li passaria, a la Berta, i en Sergi va córrer darrera la Berta per dir que no s'ho prengués d'aquella manera que no n'hi havia pas per a tant. Però la Berta no es deixava convèncer i en lloc de fer les paus va començar a dir als nens de la classe que jugaven al pati:

–La Tanit és amiga de la bruixa! La Tanit és amiga de la bruixa!

–De quina bruixa? –van preguntar els nens.

–De la bruixa del bosc. La va a veure cada dia i un dia arribarà a cavall d'una escombra perquè també serà una bruixa.

Tots els nens van riure i van córrer pel pati com si anessin a cavall d'una escombra.

Quan la Tanit els va sentir, es va tornar tota vermella i primer va tenir molta calor, però de seguida li va venir fred i per molt que mirés d'aguantar-se se li van omplir tots els ulls de llàgrimes. Se'n va anar corrents cap als lavabos, es va tancar a dins i es va haver de tapar la boca amb les mans perquè no li sortissin els sanglots. Per acabar-ho d'adobar va sentir el xiulet d'acabar el pati i hauria d'anar a la classe amb els ulls vermells perquè encara es riguessin més d'ella.

Havia de trobar una solució i ben ràpida. Va esperar una mica, que tots els nens fossin a classe, va sortir del wàter, va obrir l'aixeta del lavabo i es va mullar ben bé la cara perquè s'esborressin els senyals de les llàgrimes. No va mirar-se gens el mirall tot fent això, perquè si ho hagués fet, hauria començat altra vegada a tenir ganes de plorar i no s'acabaria mai.

Com que els senyals no se n'anaven va pensar que havia de trobar una manera de no haver d'anar a classe. Va veure que el conserge era per allà fora al pati, s'hi va acostar i li va dir:

–Joan, puc anar a veure la mare? M'ha vingut un mal de queixal molt fort.

–Ja ho has dit a la senyoreta?

–No, perquè em fa vergonya que em vegin plorant. Li ho vols dir tu, si et plau?

–Vols que t'acompanyi? –li va dir en Joan.

–No, no. Ja puc caminar. No hi tinc pas res a les cames.

Tot anant cap al despatx, la Tanit va pensar que havia dit tota una colla de mentides després d'assegurar que no en deia mai. Però, de mal, en tenia, encara que no fos al queixal.

Quan va arribar al despatx, la infermera va quedar molt parada de veure-la:

–Què et passa?

–Res. No avisis la mare. Ja esperaré que acabi.

–Mira revistes, mentrestant, d'acord?

La sala d'espera feia pudor de desinfectant i no era un lloc gaire apropiat per a fer marxar els problemes. Et recordaves de la barrina i les tenalles, de les punxades i la por, però almenys no hi havia ningú i no calia vigilar que et veiessin amb els ulls vermells o amb la cara inflada d'haver plorat.

Al cap d'una estona, li venia son i gairebé pesava figues quan va entrar la mare:

–M'ha dit la Rosa que eres aquí –va dir la mare.

–Sí –va dir la Tanit.

–T'has trobat malament?

–No. És que he tingut un disgust molt gros.

–Me'l vols explicar o t'estimes més esperar-te?

–M'esperaré, si no et fa res. És una cosa dels meus amics.

–Ja m'ho he pensat. Mira, com que avui no hi haurà ningú a casa, perquè la senyora Vicenta ha anat a casament, dinarem tu i jo i ens farem requisits.

Els requisits eren coses que no havien de

coure's. Pa torrat, formatge, pernil dolç i flam que ja hi havia a la nevera. Després la mare va prendre cafè i ella un altre flam.

Amb l'estómac ple de coses bones, els disgustos no semblaven tan grossos. La Tanit va explicar què li havia passat i la mare va dir:

–Trobo que la Berta s'ha portat malament però tu també t'hi has amoïnat massa. Heu de mirar de fer les paus.

–Però, qui ha de començar?

–Li tocaria a ella, és clar, però no passa res si ets tu la qui comences. Tot depèn de si vols renyir-hi o si vols que vagi essent amiga teva.

–M'estimaria més que anés essent amiga meva.

–Doncs si és així, no miris gaire prim.

–Ja m'ho pensaré. Primer m'haig de desenfadar.

–Tu mateixa.

–I d'això de l'àvia Perona, tu què en penses?

–Penso que has fet molt bé de dir que no és cap bruixa. Però potser més val que de moment no en parlis més. A vegades costa que la gent vulgui saber la veritat. S'estima més pensar que té raó que no pas admetre que s'ha equivocat. Entens què vull dir?

–¿Com si volguéssim creure en els Reis quan ja sabem que són els pares?

–Més aviat com si no volguéssim acceptar

que són els pares encara que veiéssim tots els paquets a sota el llit quinze dies abans.

–Ah! I per què ho fan?

–Perquè la veritat no sempre és de bon acceptar. Com més gran et facis, més t'adonaràs que la veritat a vegades espanta. Però si ets valent i l'acceptes, també sents una alegria molt fonda.

–Sempre?

La mare es va posar a riure. Li va fer un petó i li va dir:

–Sempre no. A vegades a mi també em passa que no voldria veure'n alguna, de veritat.

–Ja ho entenc –va dir la Tanit, i sense saber per què va recordar-se de la germaneta.

6

QUAN LA TANIT va tornar a l'escola aquella tarda, tothom va demanar-li què li feia el queixal i ella va dir que ja no feia gens de mal, que era ben veritat.

–T'ha curat la mare? –va dir la senyoreta.

–Sí –va respondre la Tanit, i tampoc no era cap mentida.

Sortint de l'escola s'havia d'anar a música. Hi anaven tots quatre. En Roc i la Berta aprenien a tocar la guitarra, en Sergi el piano i la Tanit la flauta. S'ho passaven molt bé a l'escola de música. Quan hi havia concert, els músics els explicaven com eren els instruments que feien servir i també parlaven dels compositors i del que significa simfonia, sonata o el que fos.

La qui en sabia més era la Berta. A música no era gens esverada i li agradava molt aprendre'n i escoltar-ne.

Els dies que no anaven a música, anaven a

dibuix i aleshores la qui en sabia més era la Tanit. En Sergi no era el primer de res però en canvi era el més bon minyó i el primer que buscaven quan els passava res de mal. A la Tanit, li va anar molt bé que en Roc i la Berta comencessin les classes un quart d'hora abans que ella i en Sergi, perquè així van poder-se estar una mica sols i li va dir:

–Saps? No he tingut pas mal de queixal. Me n'he anat perquè no volia que tots els nens veiessin com plorava.

–Per culpa de la Berta, oi?

–Sí.

–No sé per què ho ha fet. Està molt disgustada.

–Ella? Com ho saps?

–M'ho ha dit a l'hora de dinar. Ara té por que no voldràs tornar-li a ser amiga.

La Tanit va sospirar. En Sergi li va passar el braç per les espatlles i li va dir baixet:

–No voldràs ser-li més amiga?

–Sí, és clar, però ella no pot tornar a explicar les coses que jo dic.

–Em penso que no ho farà mai més. Li sap molt greu haver-ho fet.

–Però, si hi torna?

En Sergi no va dir res. Això no es podia pas assegurar. La Tanit va continuar:

–Tot allò del bosc jo tenia ganes de parlar-ne amb vosaltres; no pas que us en riguéssiu.

–Jo no me n'he rigut.

–Ja ho sé. Però tampoc no us podia convidar a anar-hi tots perquè aquella dona és molt feréstega i es podria enfadar.

–Què vol dir, feréstega?

–La meva mare ho diu moltes vegades. Em penso que vol dir bastant salvatge. Doncs bé, aquella dona és una mica feréstega i no vol que l'empipin. A mi m'ha enraonat una mica però d'una manera gens simpàtica i si ella vol estar sola a la caseta, a nosaltres, què ens importa? Però em sabia greu no parlar-vos-en perquè semblaria que no som amics.

–Ja ho entenc –va dir en Sergi–. Però no pateixis. Hi ha coses que tampoc no explico, jo. Coses de casa o així. La meva mare diu que les coses de casa no s'han de dur al carrer.

–És difícil, oi, saber el que s'ha de dir i el que s'ha de callar?

–Sí.

Van anar a classe i a la sortida, la Tanit no sabia si l'esperarien o no. Els seus amics anaven a peu a casa seva perquè era allà mateix, però la Tanit anava al despatx de la mare o a la botiga de l'àvia perquè vivia lluny i havia d'anar en cotxe. Quan feia bon temps anava en bicicleta però quan era fosc esperava la mare. Generalment s'estimava més fer-ho a la

botiga de l'àvia per no haver de sentir olor de medecines.

Va sortir de classe i sí que l'esperaven a l'entrada. La Berta li va dir:

–Em perdones, Tanit?

–Sí –va dir la Tanit.

Es van fer un petó i van fer les paus. La Tanit estava contenta que ja els hagués passat aquell disgust però li quedava una mica de tristesa que no sabia pas d'on li venia. Era com si s'hagués trencat una cosa que li agradava molt i li n'haguessin regalada una altra de semblant però que no era la mateixa. Va fer broma amb l'àvia i amb les seves clientes, però aquell rau-rau no li acabava de marxar. Encara no sabia que hi ha disgustos que triguen uns quants dies a anar-se'n. I si ja ho sabia, no se'n recordava.

–Tu no aprens a fer mitja? –deien les senyores.

–Ui, no! Quina mandra!

–Però sabries fer jerseis.

–No cal. Ja me'ls fa l'àvia.

Ho deia de broma perquè més aviat li agradava fer mitja. Fins i tot s'havia fet una bufanda que gairebé li arribava als turmells. N'estava tota cofoia perquè era feta d'ella. L'àvia només l'havia començada i li collia els punts quan s'escorrien. Però havia quedat molt cansada i no volia començar res més.

Una de les coses més boniques del vespre, era arribar a casa i tornar a veure en *Xuc.* La Tanit no sabia pas com s'ho feia en *Xuc* per conèixer els cotxes de la mare i del pare. Ella trobava que feien el mateix soroll que els altres, però el que és en *Xuc* sempre ho encertava. A vegades dormia o menjava, però tot d'una alçava les orelles, començava a lladrar i corria cap a la porta del jardí. Si no l'obrien de seguida, grinyolava, saltava i els estirava les faldilles com un desesperat.

La porta del jardí, no podia obrir-la perquè era tancada amb un baldó. Les de dintre casa, les obria totes i sobretot la de la Tanit era tan plena d'esgarrinxades que ja no la pintaven perquè era feina malaguanyada.

Aquell vespre en *Xuc* va fer igual que sempre: era tancat fora al jardí i quan va sentir el cotxe vinga saltar i bordar com si fes un any que no s'haguessin vist.

S'havia acabat el dia. Només faltava sopar, fer els deures i anar al llit. Semblava un dia qualsevol però no ho era. També semblava que tot aquell disgust s'esborraria sense deixar rastre i si la Berta hagués estat només una companya de la classe, segur que hauria passat tot molt aviat. Però la Berta era la seva amiga més amiga i costava d'empassar-se que se li hagués pogut girar d'aquella manera tan cruel.

També hi havia unes lletres dibuixades amb pedretes en un marge i la Tanit havia après que eren i serien un secret.

7

VA PASSAR un quant temps sense que la Tanit tornés al bosc. Hi havia dissabtes que jugaven a bàsquet o anaven a passeig amb bicicleta. Els diumenges solia venir l'avi a passar el dia o l'àvia o tots dos. A vegades s'hi afegia la tia Mercè i és quan la Tanit estava més contenta. Això a l'hivern, és clar. A l'estiu, si el pare no tenia guàrdia solien sortir i anar a la platja o allà on fos.

El pare sabia molt de tocar el piano. En tenia un a casa i estava molt content que la Tanit aprengués flauta perquè podien fer concerts tots dos. Cosetes senzilles, és clar, perquè la Tanit no en sabia gaire, però ja començaven a tenir repertori. A vegades la Tanit dibuixava i el pare tocava tot sol i la mare llegia o pintava aquarel·les.

Durant alguns caps de setmana, doncs, la Tanit va fer el que sempre feia abans de conèixer la senyora del bosc, o la bruixa, que deien els nens, o l'àvia Perona que li va dir ella. Fins que ja era desembre i tothom parlava de les vacances de Nadal i que es reuniria tota la família. Aleshores ella va tornar a pensar en la caseta solitària: Qui sap què feia durant l'hivern, l'àvia Perona? Qui sap si s'escalfava? Qui sap si es recordava d'ella?

Totes aquestes preguntes no es podien respondre sense anar-ho a veure, i així, el primer dissabte de desembre la Tanit va preparar-se l'esmorzar, va fer un xiulet a en *Xuc* i va tornar a enfilar-se bosc amunt. En *Xuc* no l'esperava i corria més que ella, però ella no el cridava perquè volia veure si era capaç de trobar el camí tota sola.

Aquell matí havia tingut una altra idea. Havia agafat el rellotge i comptaria l'estona que passava fins a les pedretes. Si les trobava, és clar. I així les altres vegades no caldria començar a buscar fins que hagués passat la mateixa estona.

Feia bastant fred. De tant en tant hi havia galzerans amb les boles vermelles. També hi havia cireres de pastor. La Tanit ja sabia que es podien menjar, però no en collia perquè no les trobava gaire bones.

Va caminar gairebé una hora. Ja tenia por d'haver seguit el mal camí quan tot d'una li va semblar que veia el marge on hi havia el senyal de les dues lletres. Es va afanyar a arribar-hi i sí, sí, les dues lletres l'esperaven. Alguna pedra havia saltat i una arrel havia esberlat un tros de terra, però es veia un tros de la P, i la T ben sencera: «Quina sort que el meu nom hagi resistit», va pensar la Tanit i no era pas tot el seu nom, però ella l'hi veia.

Abans de pujar al marge i acabar de fer el trosset de camí que faltava, va mirar el rellotge: havien passat cinquanta-sis minuts. Aleshores va collir unes quantes pedres i va refer la P que s'havia espatllat. Amb una pedra més grossa picava les petites perquè s'encastessin bé a la terra i quan va estar llesta, va anar cap a la casa.

Aquella vegada no va ser gens difícil trobar l'àvia Perona perquè era allà fora i collia pinassa:

–Hola àvia Perona –va dir la Tanit.

–Altre cop per aquí? –va dir l'àvia Perona.

–Feia més d'un mes que no havia vingut. No és pas gaire sovint, això.

–Més poc sovint baixo a empipar-te a casa teva.

–Perquè vostè no vol. Si em vingués a veure, jo estaria contenta.

–Ah ja!

–No s'ho creu?

–No crec res, jo.

–L'ajudo a buscar llenya?

–Tu mateixa.

La Tanit va ajupir-se i agafava grapats de pinassa. Se li escavapa el riure per sota el nas. L'àvia Perona podia remugar, però ella estava segura que li agradava tornar a veure-la.

–Pensava molt en vostè i patia que s'estigués tan sola al bosc.

–Te'l ben podies estalviar, aquest patir.

–I si algun dia es troba malament?

–Em faré un remei.

–I si no té força per moure's del llit? La meva àvia va estar molt temps malalta i no tenia forces per llevar-se.

–Ah sí? I què?

–La meva mare li havia de donar les medecines.

–I es va refer?

–No, pobreta àvia. Es va morir.

–Doncs, ¿de què li va servir que una altra persona li donés els remeis?

La Tanit no va pas saber què contestar. En canvi l'àvia Perona va continuar i això també era un bon senyal:

–Si tinc mal de guarir hi haurà remei i si el tinc de morir no hi haurà remei contra la meva hora.

–Ho sap que, als nens, els fa por?

–A tu te n'hauria de fer i així no em torbaries.

–A mi m'agraden molt les àvies. La que tinc viva m'ensenya a fer mitja i la que es va morir m'estimava molt i m'explicava contes.

–Això està bé. Saber de comptes fa servei.

–No eren pas comptes de comptar. Vull dir històries.

–Ah ja! I de què t'ha servit escoltar històries?

–No ho sé. De res.

–Malaguanyada feina, doncs.

Mentrestant havien omplert tot el sac de pinassa. La Tanit s'havia ben punxat les mans, però va agafar el sac per un cantó perquè no es volia plànyer. L'àvia Perona no semblava que es sentís de les punxes. Devia tenir-hi les mans acostumades.

Van entrar dins de la caseta. A terra en un racó hi havia unes quantes pedres grosses fent rotllana i enmig hi havia troncs encesos. La paret del darrera era ben emmascarada i dalt al sostre hi havia un forat perquè sortís el fum.

–Què passa si plou? –va preguntar la Tanit.

–Passa que cau aigua.

–Vull dir amb aquest forat.

–Penjo una galleda.

En efecte. Hi havia uns filferros agafats a la

paret i feien com una rodona d'aquelles que serveixen per a posar testos als balcons. Però en aquella casa, de plantes vives, no n'hi havia. N'hi havia moltes de seques, lligades a manadets i tot plegat feia una mena d'olor ben estranya. D'una banda, la de les herbes, que era bona, però per altra banda, l'olor de fum i de tancat, que més aviat era pudor i que marejava una miqueta.

Damunt d'una taula molt vella hi havia un tros de pa, un tall de formatge i un grapat d'avellanes. Sobre les pedres del foc a terra hi havia una olleta amb una aigua que bullia i feia una olor molt penetrant:

–Què et cous per dinar?

–Sopa de farigola. Que en vols?

–No, gràcies. Encara no tinc gana.

–No t'agrada, oi? La canalla d'avui sou molt llepafils. Massa tips. N'hagués tinguda sempre, jo, d'aquesta sopa.

–Doncs perquè ho sàpiga m'agrada l'olor que fa aquesta sopa.

–Ah sí?

–Sí. L'he sentida de seguida i he pensat que era bona. Fem una cosa. La tastaré si vostè es menja un tros del meu entrepà.

–Del teu què?

–El meu entrepà.

–I, què és això?

–Són dos trossos de pa untats amb mantega i amb un tall de pernil entremig.

–Ah ja! En el meu temps se'n deia pa i pernil. Pernil! Ja no em recordo de quin gust té.

–Doncs tingui. Ja li'n dono.

–Tot no. Parteix-lo.

La Tanit va partir l'entrepà i, com sol passar sempre, el pernil no es partia. Va haver de treure'l i esquinçar-lo ell tot sol. Les dues meitats no eren gens iguals i els dits se li havien untat. Sort que aquell dia duia mocador i se'ls va poder eixugar. Cadascuna devia trobar el seu tros molt bo perquè aviat van estar. Aleshores l'àvia Perona es va aixecar del banc on seia i la Tanit es pensava que li aniria a buscar sopa, que no li venia pas gaire de gust, però com si ho endevinés, va deixar estar l'olla i va agafar un manadet d'herbes:

–Té –li va dir–. Això és arrel de panical. Si en portes a la butxaca no t'escaldaràs per molt que caminis. Si no duus butxaca te'n pots posar tres fulles al cap, mirant que no et caiguin i també anirà bé.

–Moltes gràcies –va dir la Tanit.

S'anava a ficar el manadet d'herbes al sarró però l'àvia Perona va dir:

–No. Aquí no farà efecte. Ha d'estar en contacte amb el teu cos. Les cures no fan efecte de lluny. Només l'altra cosa.

–Quina altra cosa?

L'àvia Perona no va contestar. La Tanit no va insistir perquè ja havia après que l'àvia feia el sord quan no volia donar cap més explicació. Tampoc no creia gaire que les arrels li servissin de res, però li agradava que l'àvia Perona li hagués volgut regalar una cosa.

Arribant a casa, se'n va anar al lavabo a mirar-se al mirall. Sabia que hi trobaria una cara diferent i així va ser. Era una cara amb uns ulls molt alegres i una mica orgullosos que li anaven dient: «Molt bé, Tanit. T'has sortit amb la teva!».

8

S'HA ACABAT la casa que feien al costat de la de la Tanit. Ja feia temps que hi treballaven. Va venir el jardiner a plantar uns quants arbres. El de més a prop de casa la Tanit és un desmai. Més enllà hi ha til·lers i un avet. Com que és l'hivern, cap d'aquests arbres no té fulles, fora del pi. La Tanit sap el que són perquè va preguntar-ho al jardiner. Gairebé igual que al seu jardí, sinó que ells tenen un om en comptes d'un avet.

Els veïns tenen dues coses molt atractives: una nena petita i un gat siamès. En *Xuc* no ha protestat quan ha vist la nena, però quan s'ha adonat del gat siamès volia abraonar-s'hi i l'han hagut d'estirar pel collar. El gat s'ha estarrufat tot ell i ha fet el pont. Quan la mare ho ha vist, ha renyat en *Xuc.*

–Què és això? Aquí quiet i ai de tu que hi tornis!

Com que en aquell moment no anava lligat,

la mare ho ha fet. En *Xuc* ha abaixat el cap i les orelles tot disgustat, però la mare no s'ha entendrit. Li ha ensenyat el jardí dels veïns i li ha dit:

–No vull raons. Els veïns es respecten, entesos?

A la Tanit, li sabia greu veure'l tan moix però no ha protestat ni ha fet pobret a en *Xuc;* i això que ell provava de conquistar-la fent salts, estirant la cadena i lladrant. Al contrari, també li ha dit seriosa:

–Home, *Xuc.* Es que ets un pesat. ¿Per què no pots deixar els gatets en pau?

En *Xuc* era molt eixerit. Així com estava capcot mentre la mare el renyava, si ho feia la Tanit gemegava i la volia llepar com si conegués que el castigava a contracor. Que era la veritat.

Aleshores la Tanit ha deixat en *Xuc* i se n'ha anat tota sola a fer una visita als veïns. La nena petitona es deia Laia i tenia dos anys. «Els que tindria la meva germaneta», va pensar la Tanit, però no va parlar-ne. Només va dir a la Maria, que era la mare de la Laia:

–Si teniu feina a endreçar la casa, jo em puc endur la Laia a jugar a casa meva i així el meu gos la coneixerà i no li bordarà.

–Ah, molt bé! –va dir la Maria–. Moltes gràcies, Tanit.

La Laia era molt trapella i no es feia estranya a ningú. Com que feia sol van poder estar al jardí. Van jugar a pilota i a omplir galledes de sorra. Però el que li agradava més era acostar-se a en *Xuc* i tocar-lo. Donant la mà a la Tanit, això sí. Tota soleta no gosava. La Tanit va presentar-los.

–Veus, Laia? Aquest *bub* és en *Xuc*. No fa res. Ja el pots tocar.

I a en *Xuc*, li va dir:

–Aquesta nena és la Laia i a veure si te l'estimes força i la defenses si mai algú li vol fer mal.

En *Xuc* no va dir res, és clar, però es deixava tocar per la maneta de la Laia, la va ben ensumar i la volia llepar, però la Laia s'apartava perquè el cap d'en *Xuc* era més gros que el d'ella. La Tanit va fer pujar la Laia a sobre d'en *Xuc* com si fos un cavall i en *Xuc* prenia paciència.

Al cap d'una estona la Maria va treure el cap per la tanca que separava les cases i va dir:

–Què, noieta? I si vinguessis a dinar?

La Laia es va posar a córrer però no cap a la seva mare sinó a l'altre cantó i vinga riure. Aleshores la Tanit la va atrapar, la va pujar a coll i la va dur a casa seva. S'havia cansat una mica fent-la jugar tanta estona però també li havia agradat molt i li havien quedat els braços plens de l'olor que fan els nens petits.

El gat ja va ser una altra història. Es passejava per la paret que separava les dues cases i mirava en *Xuc,* tot desvergonyit. Si en *Xuc* no estava lligat, corria cap a la paret, s'hi enfilava amb les potes del davant i volia mossegarlo, però aleshores el gat s'estarrufava, bufava i fugia corrents. Encara no es podia enfilar als arbres perquè eren molt joves i no tenien branques.

«Sort que a la primavera hi ha rosers!», pensava la Tanit. «I el gatet no podrà venir a fer la mona i a enfurismar en *Xuc.*» Ara també n'hi havia, de rosers, és clar, però eren esporgats i no arribaven a dalt de tot.

Això sí que la Tanit va poder-ho explicar als seus amics: que tenia veïns, que a vegades guardava la Laia i les històries del gat, que va saber que es deia *Mico,* i el seu *Xuc.* Aleshores els seus amics van pujar un dia amb bicicleta a casa seva a conèixer els veïns. Va resultar que el pare de la Laia treballava al mateix banc que el de la Berta i es coneixien una mica.

La veïneta, doncs, es va convertir en la gran il·lusió de la Tanit que va estar molts dies sense tornar al bosc. Però un dissabte al matí, que feia un dia clar, la Tanit va decidir que ja era hora de no tenir mandra i de fer una visita a l'àvia Perona. Es va preparar un entrepà com sempre, però es va repensar i va fer-se'n un altre. No era pas per a ella, és clar, era per a l'àvia.

La T i la P del marge tornaven a estar una mica esgarriades. La Tanit les va refer i se les va mirar tota cofoia. Tan bé que es veien i segur que ningú més no s'havia adonat que eren una pista. El seu secret del bosc. Al costat mateix de les lletres hi havia una alzina tota cargolada que anava bé per enfilar-se dalt del marge. La Tanit s'hi agafava i amb un salt era dins del bosc. També havia après on eren les mates de romaní, d'estepa, de bruc o boix grèvol, de galzeran i de cireres de pastor. Se'l coneixia bé, aquell tros de bosc i li feia alegria tornar-hi després de tants dies. Qui sap l'àvia Perona si s'havia enyorat. És clar que no ho diria, però potser li ho coneixeria amb la manera de dir hola. Si és que li deia res, és clar.

La primera sorpresa va ser la *Múrria.* Quan la va veure encara no sabia com es deia aquell gos i si era un gos o una gosseta. La *Múrria* era petita i cridanera. Els bordava a tots dos, a ella i en *Xuc,* com si els pogués fer por de res. La Tanit va riure i li va dir:

–Què crides, baldufa! No veus que el meu gos en fa quatre com tu?

En canvi en *Xuc* no la bordava. Li corria al darrera i l'ensumava com un desesperat.

«Quin parell de ximples», va pensar la Tanit, i els va deixar que s'espavilessin.

L'àvia Perona era a dins triant herbes. No li va dir ni hola ni res; només la va mirar de cua d'ull per sobre les espatlles i va remugar una cosa entre dents, però la Tanit no la va entendre.

–Hola àvia Perona –va dir la Tanit.

–*Mmmmm* –va dir l'àvia.

–Estàs enfadada perquè he trigat tant temps?

–Si de cas perquè tornes –va dir l'àvia.

–No m'ho crec! –va dir la Tanit. I l'àvia es va girar i la va mirar sense dir res, però tampoc no remugava.

–Qui és aquest gos?

–Una gossa.

–D'on l'has treta?

–De sota terra.

–Apa!

–D'on es treuen les bèsties? No es treuen d'enlloc. Vénen i van.

–Va venir i te la vas quedar.

–No em quedo res que no sigui meu.

–S'ha quedat ella perquè ha volgut?

–Que ets l'encarregada del govern, que fas tantes preguntes?

–Almenys digues-me com se diu.

–*Múrria.*

L'àvia tornava a triar herbes i en feia pilotets damunt la taula. Hi havia foc a terra però més aviat feia fred perquè la porta era oberta.

–Vols que tanqui la porta?

–I com marxarà el fum?

–No tens un forat?

–Però no manxaria.

–Què vol dir, manxar?

–El que diu.

Aleshores la Tanit es va adonar que aquell cop havia dit de «tu» a l'àvia en comptes de «vostè» com les altres vegades. Igual que a la seva àvia de debò, la que era viva i la que ja s'havia mort. Sense saber per què, això la va fer posar contenta. L'àvia Perona o no se n'havia adonat o tant se li'n donava. Anava apilant herbes, però no deia que marxés ni es veia que estigués gens enfadada. Contestava amb rebufos, com sempre, però ja es veia que això era el seu fer.

La Tanit va treure els entrepans del sarró on els duia. S'hi havia mirat d'allò més a fer-los. Havia ben untat de mantega els dos trossos de pa i havia tallat una mica el pernil amb les tisores de la cuina perquè no sortís tot sencer a la primera mossegada. Després els havia embolicat amb paper de plata i feien molt goig. Semblaven un regal.

–Té –va dir–. T'he dut esmorzar.

–No sabia que el pa s'emboliqués com la xocolata.

–És perquè no s'embruti ni s'assequi.

–*Mmmmm* –va remugar l'àvia Perona.

«Li deu haver agradat el paper d'estany» va pensar la Tanit. «O potser li vindria de gust una mica de xocolata. Quan torni li'n duré.» I va riure una mica perquè ja començava a entendre l'àvia Perona i trobava que, segons com, semblava una nena petita. Seien l'una davant de l'altra en uns bancs que es movien perquè era un tros de fusta sobre troncs i la barraca era plena, com sempre, d'olor d'herbes i de pudor de fum, però s'estava bé, seient sense dir res i menjant l'entrepà que tenia tots els gustos. L'àvia Perona va agafar un parell de brins d'herba seca i va dir:

–És la teva planta.

–La meva?

–Olora-la. Saps què és?

–Sembla farigola.

–No ho sembla, que ho és.

–Per què dius que és la meva?

–Vas sentir que et cridava.

–Quan?

–Quan va cridar-te.

–No em cridava. Eres tu que en feies sopes i se'n sentia l'olor.

–Ja sé el que em dic.

–És una bona herba.

–Més que cap altra.

Va callar un moment i després va dir tot mirant el foc:

Coragre, ventre i païdor
pit carregat i ulls endanyats
ferida mai no podrirà
qui amb farigola rentarà

Aleshores sí que no semblava cap nena, i la Tanit va quedar tota parada. Era com si fes màgia de debò. Després l'àvia va fer un ramet de farigola i el va lligar amb una herba seca. La Tanit va dir:

–Per què no m'ensenyes a conèixer les herbes?

–Ja en coneixes una.

–Més d'una –va dir la Tanit tota ofesa–. Conec l'espígol, l'estepa, el cirerer d'arboç, els caps d'ase, la ginesta. Ui! I moltes més. I el romaní, és clar.

–Encara ets massa jove, per a aquesta.

–Massa jove? Per què? La conec i n'he collit moltes vegades.

–Doncs no ho facis, encara. Encara no és temps. Tot al seu temps.

I no va voler parlar-ne més. La Tanit va canviar de conversa:

–Quants anys tens?

–Tots.

–No és pas veritat –va dir ella rient–. Jo també en tinc uns quants.

–Ah sí? –va dir l'àvia. I se la va tornar a mirar amb aquells ulls petits i foscos que, segons com, feien mitja basarda.

Van menjar una mica més d'entrepà i aleshores es va adonar que l'àvia no s'acabava el seu.

–No t'agrada el pa amb pernil?

–Massa menjar fa caure les dents.

–Això rai! La meva mare les adoba.

–La teva mare adoba dents? –va preguntar l'àvia com si no s'ho cregués.

–I tant! És dentista.

–Així les arrenca.

–Les arrenca i les cura i en posa de noves. Tot això sap fer.

–Ah! I no sap mirar que no facin mal o que no es facin malbé?

–Això no ho sap ningú.

–Algú pot saber-ho.

–Tu, per exemple?

–A mi no em fan mal.

–Ni al meu pare tampoc. Ni a molta gent. És una sort que tenen.

–Hi ha remeis.

–Doncs me'ls podries dir.

–Ta mare s'enfadaria si no hi hagués cap dent malalta.

–Apa! Ben contenta que estaria! ¿Et penses que li agrada que pateixi la gent?

–Que es fumi, la gent! Jo bé m'haig de fúmer quan m'empaiten a cops de roc si mai baixo al poble.

La Tanit va callar. A cops de roc no havia vist que l'empaitessin, però vés a saber!

–En les plantes –va dir aleshores l'àvia Perona– s'hi ha de creure. Si no, no tenen virtut.

–Jo ja hi crec.

–No pas del tot.

–És perquè no em vols explicar totes les coses.

–No s'ha de córrer mai.

Aleshores la Tanit es va adonar que l'àvia Perona no s'havia acabat el pa amb pernil. «En deu guardar una mica per a la *Múrria*», va pensar, i li va saber greu no haver fet el mateix.

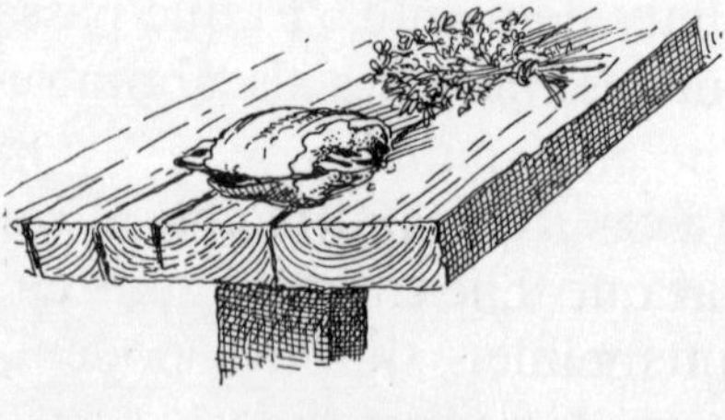

9

LA mare de la Tanit li va dir que la farigola servia per a tot el que l'àvia Perona havia dit perquè era molt desinfectant. Aleshores la Tanit li va parlar de l'altra herba que en deien panical i de si era veritat que portant-la a sobre no s'escaldaria. La mare es va posar a riure i va dir que això no ho sabia, però que no li faria cap mal de provar-ho:

–Així no te'n rius, de l'àvia Perona?

–Per què me n'haig de riure?

–Jo em pensava que tot això de les plantes era mentida.

–Doncs pensaves malament. Moltes medecines són fetes de plantes. El que passa és que en fan extractes i barreges als laboratoris.

–Ah!

–I encara et diré una altra cosa. És una llàstima que ara no s'hi entengui tant en plantes perquè tants remeis químics poden ser dolents.

–Els gossos se les saben trobar sols.

–Sí. En això hem anat endarrera –va dir la mare rient.

–L'àvia també diu que tu no saps evitar que la gent tingui mal de queixal.

–Vaja! Sí que és poc amable. Que en sap, ella?

–Diu que sí.

–Doncs digues-li que ho ensenyi a la gent.

–Ja li ho he dit però ella s'estima més que la gent es faci fúmer.

–No la deu haver tractat gaire bé, la gent.

–No gaire.

–Pobra dona; per això, haver de viure sola al bosc... Hauríem d'anar a l'ajuntament i mirar de trobar-li una casa.

–No ho facis! Ja està bé. I a més a més, ara té un gos. Una gossa. A mi m'agradaria saber estar sola enmig del bosc i no tenir mai por.

–Déu n'hi do del que ets valenta, tu. Una altra nena no hauria gosat acostar-s'hi.

–No fa cap mal.

–Ja ho sé, però la gent s'espanta del que és diferent o del que no coneix. I ara, trencant de conversa, demà ve l'àvia a dinar.

–Amb la tia Mercè?

–Esperem-ho. Ja saps que apareix i desapareix com el vent.

Era veritat. A vegades venia amb el cotxe de

l'avi però altres cops no venia o arribava més tard amb la moto, que és el que va fer aquell diumenge. Quan era així, sempre la duia a donar un volt per camins ben difícils i s'ho passaven molt bé. Quan van ser fora, la Tanit va dir:

–Hi puja, la moto, pel bosc?

–I tant! On vols anar?

–M'agradaria ensenyar-te una cosa.

–Quina cosa?

–Unes lletres.

–Doncs som-hi.

La moto s'enfilava pel camí de muntanya molt més de pressa que la Tanit i ella es va desorientar una mica. Primer van passar de llarg, però després van recular i ella va dir:

–Para, para! Són aquí.

Van parar la moto i les van mirar.

–La T deu voler dir Tanit –va dir la tia Mercè–. Però, què vol dir la P?

–Vol dir àvia Perona.

–Ah! Em pensava que era el nom d'algun nen.

–No. És el d'una àvia que viu sola al bosc.

–Caram! Que valenta! L'haurem de fer del nostre orde de cavalleria.

–Saps qui és? Aquella que al poble li diuen la bruixa.

–Així encara més. Si és una bruixa deu anar

a cavall d'una escombra i això és molt propi dels llibres de cavalleries.

–La vols conèixer?

–Si tu en tens ganes!

–Jo sí però ella no ho sé. És una mica malcarada.

–Doncs fem una cosa. Primer li preguntes si vol rebre visites.

–Ara mateix o un altre dia?

–Potser un altre dia.

–D'acord –va dir la Tanit i va passar-li una cosa tota estranya. Segons com, se li havia tret un pes de sobre i, segons com, li sabia greu que la tia Mercè no hagués anat a la caseta. Ella, com si ho endevinés, li va dir:

–Les persones que sempre viuen soles no sempre estan contentes de veure cares noves. Se'ls ha de deixar triar.

–A tu t'agrada?

–Depèn. A vegades m'empipa tenir visites si tenia ganes d'estar sola una estona. I a tu?

–A mi sempre m'agrada que vingui gent.

–Perquè encara ets petita. Però abans d'anar a fer alguna visita hem de mirar d'estar segurs que no farem nosa i que estaran contents.

–I com ho sabrem?

–No pateixis! Ja ho coneixeràs amb la cara que facin quan et vegin.

Es van posar a riure totes dues, van girar la

moto sense baixar-ne, tot i que relliscaven, i al cap d'un no-res ja van ser a casa.

Havent dinat la Tanit va anar a buscar una estona la Laia, la van pujar a cavall d'en *Xuc* i la tia Mercè va dir que també la farien del seu orde de cavalleria.

Tot era tranquil, doncs, i l'hivern s'acabava, quan de poc que passa una bona tragèdia. La Tanit havia anat a buscar la Laia i en sortir de casa els seus veïns va veure que pujaven corrents els tres gossos de la senyora Trini que s'havien escapat perquè no els lligava mai.

La Tanit va pujar la Laia a coll i va córrer cap a casa seva però no tan de pressa que un dels gossos no l'atrapés i li mossegués la cama:

–*Xuc*! –va cridar–. *Xuc,* vine!

Va obrir la porta i en *Xuc* va sortir com un esperitat a defensar-la. També va sortir la mare de la Laia i la senyora Vicenta que, tota decidida, va tirar una pedra cap als gossos. La mare de la Laia va fer el mateix i aleshores, per fi, va sortir la senyora Trini a veure què passava, va cridar els seus gossos i els va tancar a casa. Després va pujar i va dir:

–Ai, sí que em sap greu que hagi passat això! Però jo m'estimo tant els meus gossos, pobrets, que no els vull lligar mai i algú ha deixat oberta la porta del jardí i s'han escapat.

–Doncs miri, senyora Trini –va dir la mare

de la Laia tota indignada–. Jo m'estimo tant la meva nena i la Tanit que, si puc, els hi faré matar tots tres, aquests seus gossos tan salvatges. I ara m'enduc la Tanit a curar però després aniré a posar-li una denùncia a la guàrdia civil perquè ja n'hi ha prou, de tanta ximpleria.

Abans de marxar, va ben rentar la ferida de la Tanit amb aigua oxigenada perquè es desinfectés. Sort que la Laia no tenia cap mal! Només plorava d'espantada.

Quan van tornar de casa el metge i de fer la denúncia es van adonar que en *Xuc* també tenia mal:

–Ai, pobre *Xuc* –va dir la Maria–. Vine, que el durem al veterinari.

–No cal. Ja m'has dut al metge. Ara truco la mare o la tia Mercè. Tu, queda't amb la Laia.

Sort que era una ferida a l'anca i en *Xuc* s'arribava a llepar-la. Així i tot valia més que la veiés un veterinari.

La Tanit va trucar la tia Mercè i li va demanar que vingués pel camí de muntanya perquè era el més ràpid i així que va haver penjat el telèfon va tenir una idea: «I si en comptes de dur en *Xuc* al veterinari el dugués a l'àvia Perona!»

La cama li feia bastant mal però podia ca-

minar i, a més a més, aviat arribaria la tia Mercè i la duria amb moto:

–Vine, *Xuc* –va dir–, que anirem a curar.

En *Xuc* no tenia ganes de moure's. S'anava llepant la ferida i s'estava quiet en un racó del jardí.

–Va, vine, que t'anirà bé.

Finalment el va convèncer i es va aixecar per seguir-la. Van començar a pujar muntanya amunt coixejant tots dos. Quan en *Xuc* va veure el camí que seguien, es va animar una mica i la Tanit va dir:

–Ara saps on anem, oi? I, a més, veuràs la *Múrria*.

No feia ni cinc minuts que caminaven quan van sentir la moto i es van posar arran del camí. La tia Mercè va quedar molt parada en veure'ls:

–Què hi feu, aquí? No havíem d'anar a cal veterinari?

–He canviat d'idea. El portaré a curar amb l'àvia Perona.

Anant en moto, es feia molt camí en poca estona. Llàstima que en *Xuc* era massa gros i no el podien dur. Tampoc no corrien gaire perquè no les perdés.

–Para! Ja hi som –va dir la Tanit, perquè ja havien arribat al marge de les lletres.

En *Xuc* va enfilar-se més lleuger que elles,

i això que anava ferit. La tia Mercè va dir:

–És molt lluny encara o hi pots anar sola?

–No és gaire lluny, però per què no vols venir?

–Creu-me. S'estimarà més veure't a tu sola.

–Però jo vull que m'acompanyis.

–Un altre dia. Quan no hagi de fer cures. Potser li sabria greu que una forastera veiés els seus secrets.

–Doncs mira, podries fer una cosa. Podries anar a casa i fer entrepans de pa amb pernil. Jo sempre en duc però avui no hi he pensat. Agafa xocolata, també, per a ella i per a nosaltres. Quan tornis em fas un xiulet. Bé, no caldrà. Ja sentiré la moto i et vindré a rebre. Mentrestant ella podrà curar en *Xuc* i quan tu tornis ja estarà.

–D'acord.

Va girar la moto i se'n va anar. Aviat només va sentir-se un espetegar fluixet perquè la tia Mercè ja qui sap on era. La Tanit va anar cap a la caseta. La cama li feia més mal i anava ben coixa però en *Xuc* ja no es veia.

–Hola àvia. Avui venim ferits.

–Ja ho veig –va dir l'àvia.

–Ens ha mossegat un gos.

–A tots dos?

–Sí. Són uns gossos mig salvatges que té una senyora de vora casa.

–Un gos o uns gossos?

–N'hi havia tres.

–I us ha mossegat el mateix a tots dos?

–Això no ho sé. Ell m'ha sortit a defensar i no sé com ha anat perquè jo estava massa espantada per a fixar-m'hi.

–Qui t'ha curat?

–Un metge.

–I el gos?

–Ningú. He pensat que t'ho demanaria a tu.

–O sigui que jo sóc bona per a les bèsties però no per a les persones.

La Tanit es va tornar vermella i fins i tot li van venir ganes de plorar. L'àvia Perona s'havia ofès i, segons com, tenia raó, però ella no ho havia pas volgut així. Li va dir:

–A mi m'han dut al metge abans que tingués temps de pensar res. I, a més a més, en *Xuc* no és una bèstia. Vull dir que jo l'estimo més que a les persones. O igual, vaja.

En *Xuc* tornava a jeure en un racó on tocava el sol i es tornava a llepar la ferida. I el que era més bonic: la *Múrria* també hi era i també la hi llepava.

–Te l'ha llepada, a tu?

–No.

–T'hauria anat prou bé. Saliva de gos és el millor per a les ferides.

–No el vols curar?

–No cal. Deixa'l. I si ha tingut un trasbals d'estómac amb l'espant ell mateix es buscarà el remei. Deixa'l aquesta nit. Quan tingui més forces ja l'enviaré. O el véns a buscar tu, que saps prou el camí.

Al cap d'una estoneta, en *Xuc* ja no es llepava la ferida sinó que llepava la *Múrria* i començaven a jugar. La Tanit va dir:

–Em penso que no li cal cap herba. La teva gossa l'ha guarit.

–Ves que ell no li ho pagui amb problemes.

–Què vols dir.

–*Mmmmm* –va fer l'àvia i per primera vegada va semblar que li escapava el riure i tot. Però després va dir:

–I a tu, t'ho han curat bé?

–Suposo que sí.

–Suposar no és estar-ne segur.

–M'hi han posat tres punts.

–Vols dir que t'ho han cosit? Mal fet. Mossegar de gos no vol cosit. S'infecta.

–Però tu has dit que la saliva de gos tot ho cura.

–La saliva, no la mossegada.

–Què vols que faci? Vols treure'm els punts?

Així que ho va haver dit, li va venir una esgarrifança. No tenia cap ganes que li remenessin la ferida. Ja hi tenia prou mal. Sort que l'àvia va dir:

–Ara no t'ho toco però si sentissis que et bull puja de seguida i t'ho adobaré.

–D'acord –va dir la Tanit. I es va sentir tota alleujada.

10

ALESHORES es va sentir el soroll d'una moto i la Tanit va sortir a rebre-la. Era la tia amb els seus entrepans i la xocolata. Va deixar la moto a frec d'un arbre i va entrar al bosc a conèixer l'àvia Perona. Ella li va dir:

–Ets una mossa i vas amb moto com els galifardeus?

–Com ho saps, si no m'has vist?

–Tinc orelles.

Totes aquelles emocions no havien fet perdre la gana a la Tanit. Al contrari. La hi havien augmentada. De tota manera va deixar un tros de l'entrepà per a la *Múrria* i la xocolata, no la va tocar. Ningú no va fer-ho. La van deixar embolicada en un raconet i van fer com si no la veiessin. La tia Mercè no va voler fer-se la simpàtica ni res. Només seia al banc trontolladís i menjava sense enraonar i la Tanit va veure que, a l'àvia Perona, la seva tia li agradava perquè va dir-li:

–Veges si per la vora casa seva ha quedat algun pèl del gos que li ha fet mal.

–Per què? –va dir la Tanit, però la tia Mercè no va preguntar res com si ja ho sabés.

–Perquè si és així, cull-lo i porta-me'l –va dir l'àvia Perona.

–Què n'has de fer?

–Això és cosa meva.

Aleshores la tia Mercè va dir:

–Potser en *Xuc* en té algun a la boca o al volt de la ferida.

–Pot ser –va dir l'àvia Perona.

Va sortir a mirar-ho. En *Xuc* s'havia mig adormit en un racó i la *Múrria* no es veia. La Tanit es va agenollar i li va mirar el morro per si trobava pèls de l'altre gos però no va saber-ne veure. A més, en *Xuc* no es deixava mirar i enretirava el cap perquè no l'empipés. Aleshores va fer un badall i en obrir la boca la Tanit hi va veure uns quants pèls a l'angle que no semblaven d'ell, els va estirar i li van seguir tots molls i ensalivats.

–Ai, ecs! –va dir donant-los a l'àvia Perona–. Què n'has de fer, d'això tan fastigós?

–Res que tu puguis veure. I ara aneu cap a casa que la ferida vol repòs.

Va ficar unes quantes herbes a dins d'un paper i va dir a la tia Mercè:

–Fes-les bullir arribant a casa i que li rentin la ferida al matí i al vespre.

–Ja m'ho faré jo sola. Que et penses que no en sé?

–Fa de mal arribar al ventre de la cama.

Tot anant cap a casa la Tanit va preguntar a la seva tia per damunt del soroll de la moto:

–Què en vols fer, dels pèls?

–Deu voler fer un encantament.

–Un què? –va dir la Tanit perquè no l'havia entesa.

La tia Mercè va girar el cap una mica més i va tornar a dir:

–Un encantament.

–A qui?

–Suposo que al gos que us ha mossegat.

–I què li passarà?

–Ja ho veurem.

Però no podia girar massa el cap perquè si no, haurien caigut. Calia estar al cas perquè el camí era ple d'escórrecs i el sauló relliscava. La Tanit no va dir res més fins que van ser a casa:

–Em penso que li has agradat molt a l'àvia Perona.

–Ah sí?

–Sí. T'ha donat les herbes a tu en comptes de mi.

–Deu pensar que jo també sóc una bruixa.

–Apa!

–Tu deixa que em torni vella.

–Quin encantament deu voler fer?

–Els encantaments són secrets, per això ens ha fet fora. Suposo que farà un gos de cera amb aquells pèls a dins i després hi clavarà agulles o el llançarà al foc perquè al gos enemic, li passi algun mal.

–I serà veritat?

–Ja ho veurem.

–Tu què penses?

–Que si ella no se'n surt jo els tiraré carn enverinada. O miraré d'aixafar-los amb la moto si la guàrdia civil no fa res. Només de pensar que us haurien pogut desgraciar, a tu o a la Laia, seria capaç d'entrar al jardí d'aquella ximple de senyora Trini i aixafar-li els gossos.

–Jo em penso que també.

Bé, fos l'encantament o la venjança, el cas és que al cap de molt pocs dies, un dels gossos de la senyora Trini va morir enverinat i no ho havia pas fet la tia Mercè. De fet, hi havia molta gent enrabiada perquè més d'un havia rebut una mossegada o un bon esglai si s'acostava al jardí de la senyora Trini. Ja només en quedaven dos i al cap d'unes quantes setmanes la senyora Trini va haver d'anar al jutjat, li van posar una multa i li van dir que si no lligava els gossos els hi prendrien.

En *Xuc* va tornar tot eixerit al cap d'un parell de dies i la ferida de la Tanit no es va infectar. La mare la hi rentava al matí i al vespre amb l'aigua d'herbes, que feia molta olor, i els punts no se li van infectar i aviat els hi van treure.

I encara va passar una cosa més inesperada. Quan la Tanit va tornar a casa l'àvia Perona per ensenyar-li com s'havia posat bé, va veure la *Múrria* amb una panxa tota grossa. Va preguntar a l'àvia:

–Què li passa, a la *Múrria?*

–Tu mateixa.

–Ah! –va dir la Tanit–. Vols dir que haurà de tenir gossets?

–Si tot va bé. El teu gos no és pas de la seva mida.

–Què vols dir? Que són d'en *Xuc* aquests gossets?

–Ser no ho seran, però els hi ha fet anar.

–I pot ser perillós?

–Pot ser-ho.

–Però tu li faràs un remei, oi?

–*Mmmmm* –va dir l'àvia.

–Quan els ha de tenir, els gossets?

–D'aquí a tres o quatre setmanes, suposo.

–Vols que... –va començar la Tanit. Volia dir si podia avisar el veterinari però no va gosar acabar.

–Vull què? –va dir l'àvia.

–Vols que porti alguna cosa a la *Múrria*? Alguna cosa de menjar que li pugui anar bé?

–De moment, no.

La Tanit va tornar cap a casa una mica amoïnada. Si la *Múrria* es moria, l'àvia estaria molt trista perquè se l'estimava molt. Va pensar que preguntaria al veterinari què li podia anar bé i ho duria al bosc com si se li hagués acudit a ella. Ara hi podria anar més sovint, al bosc. Havien canviat l'hora i els dies eren més llargs. Bé, hi havia més claror. Sortint de música o de dibuix encara era clar i no calia anar per força a la botiga de l'àvia. Podia tornar a casa en bicicleta i afanyant-se força podia anar fins al bosc i tot, almenys el dimecres que no anaven enlloc, només a jugar a bàsquet una estona.

Però abans que tingués temps de preguntar res al veterinari va passar una cosa molt estranya. La Tanit va tornar a casa en bicicleta perquè ja hem dit que era ben clar. No hi havia ningú, només en *Xuc*, però ella tenia clau i podia entrar. Quan va ser a dins va engegar el televisor, va agafar un iogurt de la nevera i anava a instal·lar-se ben còmoda en una butaca quan li va semblar que la cridaven. No era cap veu de fora sinó una veu de dins. «Quina cosa més estranya!», va pensar.

Va sortir al jardí a veure què feia en *Xuc,* però en *Xuc* bordava al gatet dels veïns com sempre, només que no podia repenjar-se a la paret perquè les roses ja havien florit.

Va tornar a entrar a dins, va agafar el iogurt i altra vegada va sentir com una angúnia que no la deixava estar quieta. «Ai, ai» va pensar, «potser passa alguna cosa a la mare». Va trucar al despatx i s'hi va posar la infermera. Ella va dir com si res:

–Que encara hi ha la mare o ja és fora?

–Encara té dues o tres visites. Vols alguna cosa?

–No, no. Només tenia ganes que ja pogués venir.

No passava res. Sort, encara. Aleshores va trucar a l'avi. Hi havia la tia Mercè i van estar enraonant una estoneta. Després va trucar a l'àvia. També estava bé. Volia trucar a l'hospital però se'n donava una mica de vergonya. «Què dirà el pare si el destorbo per res?» Però va decidir-se. Va preguntar si el doctor Serra visitava i li van dir que sí però que havia de demanar hora.

Tothom estava bé. «Bah! Són manies meves!» va pensar, però així que havia pres un parell de cullerades de iogurt li va venir una idea com un llamp: «Si fos l'àvia Perona!»

El problema era que, a l'àvia Perona, no se

li podia trucar per telèfon i anar-hi feia molta mandra. A més a més, ¿què podria fer ella tota sola si se l'havia d'ajudar?

Va acabar-se el iogurt i mirava la televisió, però l'angúnia no marxava. Al contrari, se li feia més grossa. Finalment es va decidir. Va tancar el televisor, va escriure una nota per a la mare dient que anava a donar un volt, va fer un xiulet a en *Xuc* i se'n va anar de pressa cap al bosc. Ara ja no es perdia ni havia de comptar l'estona que passava. Havia après d'anar pel bosc i trobava senyals a tot arreu a més de les pedretes.

Quan era a prop de la barraca, va sentir uns grinyols tots estranys: «Sort que encara no és fosc», pensava la Tanit, «perquè si no, estaria ben espantada».

Els grinyols s'anaven sentint més a prop i tot d'una la Tanit ja va saber qui els feia: era la *Múrria,* que plorava.

–Què et passa, *Múrria?* –va cridar la Tanit i el cor va començar-li a bategar tan fort que gairebé li feia mal.

La *Múrria,* quan la va veure, vinga córrer amunt i avall perquè la seguís. La Tanit ho va entendre perquè en *Xuc* feia igual quan volia una cosa. En canvi en *Xuc* no volia entrar a la barraca. Es tirava endarrera i semblava espantat.

La Tanit tenia molta por però va fer el cor fort i va seguir la *Múrria.* Va entrar a la caseta i aleshores sí que va tenir un esglai de debò perquè a terra estirada hi havia l'àvia Perona, que si no era morta ho ben semblava. La Tanit va començar a tremolar i es va haver d'aguantar amb la paret perquè les cames se li doblegaven. Va respirar dues o tres vegades ben fort i es va dir:

–Vinc de família de metges. No els puc fer quedar malament.

Va tancar la boca ben fort per tenir més força i es va agenollar al costat de l'àvia Perona. Li va agafar el braç per buscar-li el pols però no l'hi sabia trobar.

–Àvia Perona –va dir baixet–. Contesta'm, àvia Perona.

Però l'àvia Perona no contestava. Estava de boca terrosa i aleshores la Tanit va provar de tombar-la. Se'n va sortir perquè l'àvia no pesava gairebé gens. Li va fer un coixí amb un sac i va buscar una mica d'aigua per fregar-li els polsos. Feia totes aquestes coses sense saber per què les feia però li anaven sortint d'haver-ho vist en algun lloc o perquè li ho havien explicat.

Per molt que fregués, l'àvia Perona no tornava en si. Aleshores la Tanit va espantar-se de debò i va pensar:

–Haig de buscar ajuda.

Va marxar corrents bosc avall. Anava tan de pressa que s'entrebancava i queia. Alesho-res va pensar que si es feia mal seria pitjor per-què ningú no sabia on era. Li feia mal el braç i s'havia mig torçat el turmell, però va caminar tan de pressa com va poder per tal d'arribar ben aviat a casa. Quan ja era a prop, el cor li va fer un salt d'alegria perquè ja hi havia el cotxe del pare. Va entrar i el pare li va dir:

–Què t'ha passat, Tanit? D'on véns tan es-pantada?

–És que l'àvia Perona em penso que s'ha mort.

–L'àvia Perona? I qui és l'àvia Perona?

Era veritat. No n'havia parlat mai amb el pare. Com va poder, entre gemecs de pena i de cansament, li va dir que era l'àvia del bosc i que avisés una ambulància. El pare va trucar a l'hospital i els va dir que vinguessin preparats per anar a peu perquè era al bosc. Això és una de les poques coses que havia entès bé. Des-prés va dir:

–Ara vine, que et curaré el peu.

Li va embenar el turmell i com que la torça-da no era gaire forta, ben embolicada no li feia mal i podia caminar, perquè, si no, qui els acompanyaria fins al bosc? En *Xuc* hi sabia però si feia com sempre que anava amunt i avall tantes vegades potser els faria perdre.

Al cap de poca estona va arribar l'ambulància i la mare gairebé al mateix temps. La mare va tenir un esglai molt gros en veure que es parava a casa seva i que la Tanit duia el peu embenat.

–Què t'ha passat? –va dir tota espantada.

–A mi res, no pateixis –va dir la Tanit–. És a l'àvia Perona. Em penso que s'ha mort.

També havia sortit la Maria i el seu home a veure què passava. Quan van sentir que calia anar al bosc van dir que l'ambulància no podria pujar-hi, però que ells tenien un *mehari* que potser aniria millor.

Van pujar amb tots dos cotxes fins que l'ambulància no podia seguir. Després van pujar al *mehari* tots menys la mare i la Maria perquè no hi hauria hagut prou lloc. L'últim trosset, el van fer a peu però era molt curt.

Començava a ser fosc però encara s'hi veia. Els infermers van posar l'àvia en un baiard i el pare va dir:

–No és morta, però el pols és molt fluix.

Va donar una injecció a l'àvia Perona i els dos infermers la van dur cap al cotxe. Aleshores la Tanit va agafar la *Múrria,* la va pujar al coll i va dir:

–No ploris, *Múrria,* ja veuràs com es refà i a tu et tindrem a casa nostra.

Quan va ser tots a dins del *mehari,* la Tanit va sentir com una oloreta i es va fixar que l'àvia Perona duia una cosa a la mà: era un manat de farigola.

11

L'ÀVIA PERONA no es va pas morir. Quan el pare va tornar de l'hospital els va dir que estiguessin tranquil·les que no tenia cap mal greu. Que només estava molt dèbil perquè devia anar mal alimentada i que s'havia de refer.

L'endemà la Tanit va anar a l'hospital a veure-la. De moment ni la coneixia: l'havien rentada i pentinada i duia una camisa de dormir blanca i polida. No semblava gens l'àvia Perona i, a la Tanit, li va fer molta llàstima veure-la al llit tan canviada, tan diferent del que era sempre. Li va dir:

–No pateixis per la *Múrria*. És a casa nostra i en *Xuc* està molt content.

L'àvia la va mirar sense dir res.

–Aquest metge que té cura de tu és el meu pare. Diu que només has de menjar i descansar i ja podràs tornar a casa teva.

–Va, vés-te'n –va dir l'àvia amb una veu tota estranya.

–No vols que et faci companyia? –va dir la Tanit.

–No –va dir l'àvia.

La Tanit se'n va anar. Ella tampoc no tenia ganes d'estar en aquella habitació. Entenia molt bé el que pensava l'àvia Perona. Ella, que sempre estava sola i fent el que volia, ara havia de creure els metges i les infermeres i es trobava com empresonada. Es donava vergonya que la veiessin així.

Tot sopant, la mare tornava a parlar de buscar-li una casa al poble o un lloc a l'asil dels vellets, però la Tanit va dir:

–Si us plau, deixeu-la tornar al bosc! Ja li durem menjar perquè no es torni a quedar flaca.

–Però a l'asil estaria molt més ben atesa! –deien els pares.

–Segur que sí, però també estaria molt més trista.

En van parlar moltes vegades i sort que la tia Mercè pensava el mateix que la Tanit. Va dir que l'àvia Perona era un ocell de bosc i que es migraria si l'engabiaven.

Quan tothom va estar d'acord, la Tanit va tornar a l'hospital. Feia uns quants dies que no hi havia anat perquè no volia que l'àvia Perona passés tanta vergonya. Li va portar un bon ram de roses del jardí i li va dir:

–No són tan bones com les teves plantes, però et faran companyia.

–*Mmmmm* –va dir l'àvia Perona i la Tanit va estar tota contenta perquè això ja era un bon senyal.

–T'has de posar bona ben aviat perquè ja tinc ganes que puguis tornar a casa teva al bosc.

–Això si aquesta colla de bandarres m'hi deixen tornar.

–El meu pare no és cap bandarra!

–*Mmmmm* –va dir l'àvia Perona.

–T'hi deixaran tornar quan no et desmaiïs. Has de menjar força perquè, si no, la *Múrria* tindrà els gossets i tu no la podràs ajudar.

L'àvia Perona va mirar la Tanit i no va dir res més, ni «*Mmmmm*». Feia més bona cara i feia molt goig tan polida, però la Tanit s'enyorava de veure-la amb el vestit espellingat i amb els cabells mal pentinats perquè aquella era l'àvia Perona de veritat i aquesta era la falsa.

Aquella mateixa tarda, la *Múrria* va començar a estar inquieta. Van avisar el veterinari i ell la va ajudar a tenir els gossets. Li va costar una mica perquè eren massa grossos per a ella, tal com havia dit l'àvia Perona. En va tenir tres, dos de vius i un de mort. Eren molt bufons i la Maria va dir que li agradaria quedar-se'n un encara que no fos gens de pura raça.

Al cap de tres setmanes l'àvia Perona ja va poder marxar de l'hospital. Li van donar vestits nous perquè els altres els havien llençat i la van acompanyar fins a casa la Tanit amb cotxe. Ella va estar molt contenta i la volia fer passar però l'àvia Perona va dir:

–Crida'm la *Múrria* que me'n vaig.

–I els gossets? –va dir la Tanit, perquè encara mamaven.

–Porta'ls.

Això volia dir que la podia acompanyar. Bé, si no ho volia dir era igual perquè ho hauria fet de tota manera.

La Tanit va agafar una motxilla que ja tenia a punt amb coses d'aliment per a l'àvia Perona i els gossets. Aleshores va ficar els gossets en un sarró vell, se'l va penjar a l'espatlla però no el va tancar perquè els gossets no s'ofeguessin, va cridar en *Xuc* i la *Múrria* i va dir:

–Cap a casa, doncs.

L'àvia Perona pujava a poc a poc però no es veia pas que esbufegués ni que es cansés. No van dir res tot caminant, però totes dues estaven contentes de tornar a veure els arbres de sempre, els pins i les alzines que eren com senyals de benvinguda i les mates que la Tanit començava a conèixer i que l'àvia Perona coneixia tan bé. Gairebé tot era florit i el sauló cruixia tot alegre sota els peus. El bosc era ple d'ocells i fins i tot el respirar més fort que anaven fent, semblava alegre com el vent.

Quan van ser al marge, les dues lletres de pedra s'esperaven com sempre. La Tanit es va agafar a l'alzina per pujar i l'àvia va fer-ho per una mica més amunt, on el marge era més baix: «Aquest és el seu camí», va pensar la Tanit i només hi havia un o dos metres de diferència amb el seu.

Arribant a la casa l'àvia va obrir la porta i va entrar el sol fins a la paret. La Tanit va deixar els gossets a terra i la *Múrria* els va llepar com si fes un any que no els hagués vist. Ells es van posar a mamar com si també haguessin patit fam i els xarrupets que feien eren tots graciosos. Quan ja es poguessin desmamar, se'ls enduria altre cop i un seria per a ella i l'altre per a la Laia.

Aleshores la Tanit va buidar la motxilla sobre la taula. Ara ja havia passat tot. Li va fer molta alegria tornar a sentir l'olor de les herbes i la mica de pudor de fum i de tancat que feia la barraca. La Tanit va pensar que l'àvia Perona s'estimaria més estar sola amb totes les coses que devia haver enyorat tant mentre estava malalta. Per això va agafar el sarró, el va ficar dins de la motxilla, que ara no pesava gens, se la va penjar a l'esquena i va dir tota alegre:

–Adéu, àvia Perona. Tornarè molt aviat.

Va xiular en *Xuc* i va baixar el camí que ja coneixia tan bé. Abans d'arribar a casa es va aturar i va collir un ramet de farigola.

Col·lecció

EL VAIXELL DE VAPOR

Sèrie Taronja: A partir de 9 anys

LES AVENTURES DE VÀNIA EL FORÇUT / 3 *Otfried Preussler*
ELS FILLS DEL BUFADOR DE VIDRE / 7 *Maria Gripe*
TANIT / 9 *Núria Albó*
EL NAS DE MORITZ / 12 *Mira Lobe*
NÚVOL DE NOVEMBRE / 17 *Hilary Ruben*
PIPET, EL MIQUET DE COLOR DE ROSA / 23 *Carlo Collodi*
KIMATHI I LA MUNTANYA / 28 *Hilary Ruben*
EL DRAC DE BAGASTRÀ / 34 *Dolors Garcia i Cornellà*
BRILLANT / 37 *Enric Larreula*
FANTASMA DE PROFESSIÓ / 42 *Hubert Monteilhet*
NOSALTRES. ELS DE VILAXIMPLETA / 45 *Olfried Preussler*
EL PETIT ROURE / 46 *Elena O'Callaghan i Duch*
EL CAVALLER GALÀCTIC / 51 *Laura Julian*
EL SECRET DE LES MÀQUINES / 55 *Francesc Sales*
EL PLANETA MO / 60 *Maria Dolors Allbés*
EL PANDA DE L'EMPERADOR / 61 *David Day*
EL FORAT DE LES COSES PERDUDES / 66 *Joan Armangué*
ELS ESTRANYS AMICS DE LA MARY WOOD / 68
Beatrice Nyffenegger
UNA CASA ALS AFORES / 69 *Mercè Company*
AVENTURES AMB EL MEU MILLOR ENEMIC / 74 *Max Dann*
TORNAR-SE XIMPLE / 77 *Max Dann*
SABATES DE XAROL / 92 *Sigrid Zeevaert*
LA CICLISTA CATERINA / 95 *Joaquim Carbó*
CASTELL D'ANDRÒMINES / 96 *Robin Klein*
TEMPESTA DE PRIMAVERA / 98 *Regina Rusch*
LA POR / 100 *Enric Larreula*
TASSIE, EL LLOP AMB PELL DE TIGRE / 102 *Erich Grasdorf*
ANGELO, UN CONVIDAT MOLT ESPECIAL / 109
Othmar Franz Lang
UN FANTASMA ANOMENAT... / 113 *Maria Lluïsa Solà*
L'ENIGMA DE L'ATZUR MÀGIC / 115 *Dolors Garcia i Cornellà*